日本の戦争映画

春日太一

文春新書

1272

はじめに

これは、戦後に日本で作られた戦争映画の変遷を追った一冊です。

戦争に敗れ、それまでの国家観や価値観を根底から否定された国で、映画製作者たちはどのような想いを抱いて戦争と向き合ってきたのか。そして、そのスタンスは時を経てどのように変化したのか──。できるだけ多くの作品を取り上げ、できるだけ多くの製作者たちの声を拾い上げながら、検証しています。

日本の戦争映画は、少しでも軍人を格好よく描いたり娯楽性を盛り込めば、左派から「あれは戦争を美化している」。日本軍の行いを批判的に描いたり軍の非人間性を訴えかければ、右派から「あれは左翼のプロパガンダだ」。戦後すぐから現在に至るまで、左右双方からの批判に付きまとわれてきました。

本書は、そうした思想信条ありきの論評はしません。ニュートラルな視点から戦争映画と向き合い、戦後五十年の変遷を俯瞰《ふかん》して検証することを目指しています。そして、検証しているのは、あくまで「映画」であり「映画の作り手」です。「戦争そのもの」ではありません。

そのことをご理解いただいた上で、あらかじめお断りしておきたいことが二点あります。

一つ目は、書き手である私の視点です。

本書の目的は戦争映画の変遷を追い、作り手の意識について掘り下げることです。作り手たちはそれぞれに、さまざまなスタンスで戦争映画に臨んでいます。ある事象に対して、肯定的な者もいれば、否定的な者もいます。美化して描くこともあれば、批判的に描くこともあります。個人の体験に根差していることもあれば、思想信条を強く盛り込むこともあり、会社の方針に従って——ということもあります。

なぜそのようなスタンスに至ったのかを探り、その結果として生まれた各作品の変遷をできるだけ幅広く網羅して取り上げ、掘り下げることを本書の目的としています。そのためには、ニュートラルな立ち位置を心掛け、公平性を意識して各作品・各人と向き合い、個々の想いにできるだけ寄り添おうとする必要があると考えます。一方の思想信条に自身が寄り過ぎてしまっては、見えてこないもの、届けられないものがある。それが、私の本書を書くに当たっての基本理念です。

作り手の戦争映画への向き合い方にはそれぞれに違いがあり、そのことが作品ごとに微妙なグラデーションを生んでいます。この本では、そのことを伝えたい。イデオロギーで切っては二色にしかならず、グラデーションが見えてきません。

そして二つ目は、本書で検証するのはあくまで、作り手たちが戦争といかに向き合い、戦争をどう描いてきたか、ということです。

そのため、本書に書かれているのは「映画内の作品描写としての戦争」になります。その内容は結果として「史実」と異なる場合も多々あります。くれぐれも、本書に出てくる映画の展開や描写について、「そうか、史実はそうだったのか」と思い込むことも、「史実はそうではない！」と目くじらを立てることも、ご遠慮いただきたく思います。

暗くて辛気臭いと思われがちな日本の戦争映画ですが、作り手たちの多くは、思想信条だけでは捉えきれないさまざまな想いや情念をぶつけてきました。バリエーションは実に豊か。それらに触れながら、戦争映画を見直すキッカケにしていただけましたら幸いです。

日本の戦争映画◎目次

はじめに　3

第一部　戦後の戦争映画　13

第一章　敗戦国の戦争映画　14

第二章　戦争映画の娯楽化　63

第三章　大作と情話

第一部　戦後の戦争映画

『連合艦隊〈劇場公開版〉』【東宝DVD名作セレクション】
DVD発売中　¥2500＋税　発売・販売元：東宝　©1981 TOHO CO., LTD.

第一章　敗戦国の戦争映画

1　悪しき軍部

戦中の戦争映画状況

まず、戦時中の映画状況を簡単に追っていきます。

一九三一年の満州事変から三七年の日中戦争に向かうにつれて、政府は映画への統制を強めていきます。もともと一九二五年に成立した治安維持法により映画は内務省の検閲を受けていましたが、それがより強まっていったのです。「挙国一致」などのスローガンを巻頭に入れることを要求する一方、個人主義的な思想や反戦的なスタンスは徹底的に排除されます。

一九三九年に「映画法」が公布されたことで、映画製作・配給は全て政府の許可制、監督・俳優・スタッフは登録制となり、映画業界は完全に国の管理下に置かれることになりました。さらに製作前の事前検閲も行われ、政府の方針に反する描写が少しでもあれば、シナリオ審査により企画時点で撥《は》ねられるようになりました。

そして、戦争が拡大していく中で、「国策映画」として国民の戦意高揚のために映画は作られていったのです。

なかでも戦争映画は重要な存在でした。特に、一九四二年のミッドウェイ海戦の敗北やその後の本土への米軍の猛烈な空爆など、日本の戦況の圧倒的な不利が明確になっていくと、なおのことその利用価値は高まりました。「軍神」と謳《うた》われる軍人たちの活躍や開戦初期の大戦果、内地においても生産増強に勤《いそ》しむ人々の姿を描くなど、悪化の一途をたどる戦況をひた隠して国民の士気を維持させたい軍部のプロパガンダとして、大きな役割を果たしています。

GHQによる民主化の先兵として

次に、敗戦後すぐに製作された戦争映画について解説していきます。

一九四五年八月十四日に日本はポツダム宣言を受諾し、十五日の玉音放送を経て、無条件降伏という完膚《かんぷ》なきまでの「敗戦」により戦争は終結しました。

そして、大日本帝国に代わり、日本と日本国民を実質的に占領統治するようになったのがアメリカ主導のGHQ（連合国軍最高司令官総司令部）です。GHQは農地改革をはじめ日本の民主化を徹底していきますが、その際に映画を利用します。

戦後すぐから映画は作られていました。その頃の日本は米軍による無差別空襲の痕跡も生々しく、都市部の大部分は焦土と化していました。食糧、物資の不足は深刻で、人々は困窮にあえぐことになります。そうした中でも、映画は作られていたのです。

映画製作者たちの多くも戦地に出征していましたが、帰還した彼らは他の都市住民たちと同じく衣食住に事欠き、帰ってきたときのままの軍服姿で撮影現場に臨むこともあったといわれています。

この時期に作られた作品のほとんどは、明朗な喜劇や音楽映画でした。人々は暗くつらい現実から逃避するように、映画に娯楽を求めました。中でも映画『そよかぜ』（佐々木康監督）の劇中で並木路子の歌う「リンゴの唄」は大流行し、戦後の焼け跡を振り返る際の象徴的な曲となっていきます。

ＧＨＱは、こうした映画の人気を使って日本人の「啓蒙」を図ります。「映画は日本の民主化に協力すべし」という方針の下、映画の企画や脚本に徹底した検閲を行っていきました。

そうした中で槍玉に挙げられたのが時代劇です。「封建主義に基礎を置く」「個人的復讐が法律にとって代わることが許される」という認識により「非民主的である」というレッテルを貼られ、製作は制限されることになりました。

一方で、戦時中を舞台にした映画が次々と作られていきます。

特に代表的なのは、『大曾根家の朝《あした》』（木下恵介監督）、『わが青春に悔なし』（黒澤明監督）という、一九四六年に公開された二本の作品です。

いずれも、舞台は戦場ではなく国内です。民主的な思考をもったインテリの青年たちが政府や軍部、そしてそこにおもねる人々から戦時中に酷い目に遭うが、それに必死に抵抗し、戦後になって自由を得ることになる――という展開が共通点になっています。その抵抗をする若者がいずれも女性だという点も含めて、「新しい日本」の幕開けを描いた作品でした。

『暁の脱走』

一九四七年五月三日に新たに日本国憲法が施行されるなど、日本が「民主国家」の体裁を築いていくにつれ、GHQによる映画への検閲は緩和されていきます。

そして、一九五〇年には戦地を舞台にした戦争映画が公開されました。

一つは田村泰次郎の『春婦伝』を原作にした『暁の脱走』(谷口千吉監督)。一九四五年の中国戦線を舞台にした作品で、これが戦後初の「戦場をメインの舞台にした映画」になります(前年の『静かなる決闘』(黒澤明監督)で、野戦病院という形で戦地自体は劇中に出てきます)。

プロデューサーは、後に「ゴジラ」シリーズなどの特撮映画で名を馳《は》せることになる田中友幸です。彼は製作時、本作の狙いを次のように語っています。

「『暁の脱走』は、戦争でギリ〳〵の所へ追いつめられて美しく燃えたヒウマニテイと、それを踏みにじった戦争に対する憎悪——日本人でなければ描けない日本人の感情——を描くのが目的であった」(『暁の脱走』パンフレット)

田中友幸が言及した「日本人でなければ描けない日本人の感情」。これが、以降に作られる日本映画の多くに通底するドラマツルギーになっていきます。

それはどのようなものだったのでしょう。

本作は、恋仲になった上等兵（池部良）と慰問団の歌手（山口淑子）、歌手に横恋慕した上官（小沢栄太郎）の三人を軸に展開されます。上官は上等兵に嫌がらせを繰り返し、最後は濡れ衣を着せて軍事裁判にかけようとする。上等兵は歌手と共に脱走しますが、上官は二人を容赦なく射殺してしまう――という物語です。

ここに、以降の戦争映画の基本となる構図があります。

一つは「軍の上層部は理不尽で身勝手な絶対悪」
一つは「主人公は善人で、上層部の被害者」
一つは「最後に主人公は悲劇的な結末を迎える。後味は悪い」

この三点が、五〇年代前半の戦争映画の多くに共通する特徴になります。作り手たちの、やり場のない怒りや悲しみが伝わってくる作りといえます。

これは田中が「日本人でなければ描けない」と述べた通り、日本が「敗戦国」であるからこその構図です。しかもただの敗戦国ではなく、「無敵の神国日本だ」と信じ込まされていたのに、無残なまでに叩きのめされ、それまで「鬼畜米英」と言っていた相手に占領される。その上、本土ではアメリカの空襲や原爆によって民間人までも無差別に虐殺されている。戦場では、中国でも南方でも兵たちは誰もが地獄をみてきた。

それからまだ数年しか経っていないのです。つまり、スタッフもキャストも、それから観客も、悲惨な状況を経験した人たちなわけです。だから、「怒り」「悲しみ」「空しさ」が共通する意識として通底することになる。そして、その根底にあるのは田中の言うように「踏みにじった戦争に対する憎悪」でした。

この年には、同じく戦争によって引き裂かれる男女の愛を描いた『また逢う日まで』(今井正監督)も公開されています。脚本を書いたのは、後に成瀬巳喜男監督と組んで『浮雲』(一九五五年)などを生み出す水木洋子。敗戦時に三十四歳だった彼女は、次のように語っています。

「戦争はもうほとほと沢山だ! という以外何も考えなかった。いい映画を作りたいという気持ちも忘れていた。これを言いたいのだ、という気持ちだけだった」（『今井正映画読本』）

この言葉に象徴されるように、思想や理想論としての「反戦平和」というよりは、実際に悲惨で過酷な状況を経験した人たちだからこその戦争に対する怒りや嫌悪感が、この時代の映画には込められていたのです。

『真空地帯』

この二作と近い時期に作られた、「悪としての軍」によって「踏みにじられる善良な個人」という構図の戦争映画としては、野間宏原作の『真空地帯』（山本薩夫監督、一九五二年）もあります。

舞台は戦地ではなく、大阪の駐屯地です。兵たちは共に生活をするのですが、そこでは入隊した年次の差による、初年兵たちへの理不尽なイジメが横行していました。ちょっとしたミスにより容赦ない暴力（＝鉄拳によるビンタ制裁）が待ち受けている。ここでは主人公（木村功）が叩き上げの上等兵に目をつけられます。この「兵営における上等兵や古参兵による理不尽なイジメ」はその後の日本映画における「軍隊の非人間性」を映す際に欠かせない描写になっていきます。

本作の主人公は軍上層部が仕掛けた物資の横流しを知ってしまったため、無実の罪に陥れられて服役し、出所後に前線に送られることになります。怒りと諦めを何度も繰り返しながら、最後は感情を爆発させ、反抗に転じますが、それは軍という巨大な組織が相手では「ほんの八つ当たり」でしかありませんでした。

そして、その姿は本作を撮った山本薩夫の戦争体験が反映されたものでもありました。山本は敗戦時に三十五歳。戦中は戦意高揚映画を撮っていましたが、戦後になってからは一貫して反権力、反体制の立場で映画作りをしていきます。その背景には戦時中のある経験があったといいます。

戦時中、中国の徳州にある兵営で初年兵教育を受けた経験を、山本は後に次のように記しています。

「これまでのキャリアはすべてゼロにし、新たな軍隊という組織のなかに組み込まれ、全く裸になって軍隊教育を一から叩き込まれるのである。まさに真空地帯だが、そこでの教育の第一目的は、天皇陛下に忠節をつくすということであった。

上官の命令は、天皇の命令である。したがって私たちにとって、上官の命令は絶対であった」

「私から見れば、兵長などはみんなチンピラなのだが、私はこのチンピラ兵長たちからすべてにらまれていた。人一倍ビンタも食った」

「私は、事あるごとに兵長から意地悪をされ、叩かれるようになった」

「とうとう私は、前歯を二本折られてしまった」（山本薩夫『私の映画人生』）

そして、この時の経験が、山本薩夫が『真空地帯』を撮る大きなモチベーションとなりました。彼は原作と出会った時のことを次のように述懐しています。

「私は、野間宏のこの原作を読んだとき、これこそ私が映画化しなければならない作品だと思わずにはいられなかった。読みながら、私自身の経験がそこに重なっていくのである。内務班の初年兵教育でいやというほど思い知らされたみじめな体験が、憎悪となって再び心の底から煮えたぎってくるような思いであった。

映画化が決定したとき、自分自身の受けた屈辱の恨みを晴らしたいという執念が、ファイトとなって燃え上がっていったのを私はいまでも覚えている」(『私の映画人生』)

しかも、ロケ撮影で使用されたのは期せずして、山本が徳州に送られる前に所属していた佐倉連隊の兵営でした。工場に建て替えられる予定の建物の一部がまだ残っていたのです。そのため、「軍隊のなかにいて映画を撮っている」ような錯覚があったと振り返っています。

そして、山本が最も力を入れて撮影したのが、初年兵たちが殴られる描写でした。こうしたシーンはたいてい、カメラアングルと効果音を使って「実際には拳が当たっていないのに、当たっているような芝居をさせる」というのが定石《じょうせき》なのですが、山本は俳優たちに本気で殴らせています。それはなぜか――。

「私は、自分の自伝を撮っているような感じを抱きながら夢中になっていたのである」

(『私の映画人生』)

こうした上等兵たちによる理不尽な暴力は、その後の「戦争経験者の作る戦争映画」の定番シーンになっていきます。それだけ、観客も含めた多くの人にとっての共通体験としてあったということです。

そこで起きていることは他人事ではなく、我が事。これが、この時期の戦争映画の作り手に共通する意識でした。

2　地獄の戦場

『日本戦歿学生の手記　きけ、わだつみの声』

一九五〇年、『暁の脱走』『また逢う日まで』と同じく、戦後の日本映画を語る上で重要な作品がもう一つ撮られています。

それが『日本戦歿学生の手記　きけ、わだつみの声』（関川秀雄監督）。東京大学の自治会がまとめた戦没学生の遺稿集『はるかなる山河に』を映画化した作品です。ここで初めて、戦場の最前線で死にゆく兵たちの姿が映像として映し出されることになります。

それは地獄絵図ともいえる、凄惨なものでした。

舞台は終戦間近のビルマ戦線。既に戦局は決し、日本軍は壊滅的状況になっているところから物語は始まります。遂行すべき作戦もなく、だからといって日本軍には「生きて虜囚の辱《はずかしめ》を受けず」という掟＝戦陣訓があるため、投降することもできない。武器弾薬も食糧も尽き、疫病が流行し、そうした中で無為に屍《しかばね》を重ねていく――。

冒頭から泥沼の中で行き倒れになっている兵たちの姿が映し出され、そのバックに「君が代」が流れる、《国のために戦った人々の無残な末路》という苦く悲しい皮肉として伝わってきます。

部隊は「転進」（頑《かたく》なに敗北を認めようとしない日本軍は「撤退」という言葉を嫌い、「転進」という言いかえをしていました）することになり、それまでの基地は放棄されることになります。

既に燃料もないので、移動は徒歩になる。すると、病人や負傷者は置き去りにされます。この描写が強烈でした。野戦病院から這い出てなんとか一緒に行こうとする者、絶望して自殺する者、互いに刺し合う者――。

動ける兵たちを待ち受けるのも、また地獄でした。イギリス軍から猛烈な砲撃を受ける中、抵抗の術《すべ》もなくただ逃げるしかない。発狂する者も出てくるなど、阿鼻叫喚《あびきょうかん》になります。立ち上がることもできず、「助けてくれ！」と叫んで泣くことしかできず、死んでいく。

そうした極限状況の中にあっても、主人公はインテリ学生だったアイデンティティを捨てず、さまざまな死にざまを目にしながら「死とは何か」を自らに問いかけていきます。が、最後はそれも諦め、「死について考えるのではなく、人類の後継者を信じる」と、二度とこんな時代が来ないよう、望みを後の人間に託すことになるのです。

本作を企画したのは、東横映画（後の東映）の社員だった岡田茂です。後に「日本映画のドン」と呼ばれる岡田ですが、この時はまだ現場を走り回る一介の若手社員。それが、遺稿集を読んだ際に映画化を熱望、東横映画の重役たちを説得して製作にこぎつけます。

岡田もまた東大の学徒兵でした。彼は戦地ではなく宮城の航空基地に配属され、そこで米軍の空襲に遭っています。その際の様子を、岡田は後に次のように述懐しています。

「バリバリと来たら、地上に伏せるのが精いっぱいだ。ふと脇を見ると、戦友が倒れている。生死を分ける一瞬の差。いやでも無常感にかられる」（『波瀾万丈の映画人生　岡田茂自伝』）

この学徒兵の中に、自分自身もいたかもしれない。ならば、彼らに代わってその「わだつみの声」を伝えたい。それが「生死を分ける一瞬の差」で生き残った者の責務ではないか。そんな想いが、彼を本作へと駆り立てました。

それは、岡田茂に限ったことではありません。本作に助監督として参加した澤島忠は、筆者の取材にこう答えています。

「あの映画に参加した人間は全員が兵隊帰りでした。必死に生きるか死ぬかをくぐり抜けた人間たちによる映画なんです」

『きけ、わだつみの声』も『真空地帯』も、《自分もそうなっていたかもしれない》《自分もそうだった》――という、戦争経験者だからこその当事者意識が作り手の根底にありました。その結果として、生々しい描写を通して痛切なメッセージが映し出されていったのです。

『ひめゆりの塔』

一九五二年四月、サンフランシスコ平和条約が発効し、ＧＨＱによる占領は終了、日本は国家としての主権を回復します。そして、翌一九五三年に公開された四本の戦争映画は、日本の独立を象徴するかのような作品であり、その後の戦争映画の在り方を決定づけるものとなりました。

一本目は、『ひめゆりの塔』（今井正監督）。太平洋戦争末期の一九四五年四月から始まった沖縄本島でのアメリカとの激戦を舞台に、看護要員として従軍し、多くが命を失った沖縄の女学生たちの姿が描かれます。

これは、日本が主権を回復した後だから作ることができた作品でした。というのも、女学生たちを殺害した張本人がアメリカ軍であるからです。もちろん、彼女たちをそのような状況に追い込んでいった日本軍とその当時の日本の教育についても描かれています。が、一方で、軍は解散し、軍服を着ずに非武装になったにもかかわらず、逃げ惑う女学生や教員たちをアメリカ軍が容赦なく無差別に虐殺していくという場面も数多く出てきます。

そのような描写は、アメリカの占領下では許されないことでした。

実際、最初に今井正が映画化に向けて動いた一九五〇年春の段階では、ＧＨＱによって企画を潰されています。また、公開後も今井にはアメリカからの旅券発給が難しくなっていました。『今井正の映画人生』には、アメリカ大使館から「おまえは『ひめゆりの塔』なんていう反米映画を作った、けしからん」と言われたというエピソードも書かれています。

今井正の中に、強い反米意識があったのも確かです。彼は戦前から左翼運動を続けていた筋金入りのマルクス主義者で、戦後には共産党に入党しています。米ソ対立が深まっていた一九五〇年にGHQが行った共産党員の公職追放「レッドパージ」により大手映画会社では働けない状況になり、日本の主権回復後もそれは続きました。

そんな今井をあえて起用したのが、東映の製作統括者・マキノ光雄でした。「右翼も共産党も関係ない！　映画の好きな奴が映画を作る。ここが日本映画党や！」というイデオロギーを気にしない基本方針の持ち主であり、『きけ、わだつみの声』のヒットを受けて「柳の下にドジョウは二匹も三匹もおる！」と「戦場での若者の悲劇」の企画を求めていたマキノは、喜んでこの企画に乗っています。

今井は、当時も寄せられたという「共産党員だから反米映画を撮った」という批評に対して、明確に否定しています。

「反米とかなんとかいう問題ではなく、僕は戦争の悲しみとか、戦争にたいする憎しみとかを描きたかったのです」（『今井正の映画人生』）

さらに、自身の意図を次のように語っています。

「これを作ったころは、警察予備隊という『軍隊』（いまの自衛隊）がつくられたときです。戦争というものが悲惨だということ、そして上部のいいなりになってそういう悲惨をなめた人たちの悲劇……それを訴えたくて撮った映画です」（『今井正の映画人生』）

今井正は敗戦当時は三十三歳。教育召集で三か月、軍隊生活を送っています。

敗戦後、ＧＨＱにより日本軍は解体され、新憲法では「戦争放棄」を明記しています。

その一方で、五〇年に警察予備隊が誕生し、それが五二年に保安隊となり、五四年に自衛隊となる。再び日本が国家として武装していくことは、戦争、そして軍隊に対して嫌悪と憎悪を多くの日本人が当事者として生々しく抱いている当時の状況下では、「また再びあの時代に戻ってしまうのか」という不安を呼び起こす結果となりました。

だからこそ、沖縄の女学生たちを通して平和の尊さを訴える必要がある。今井正はそう考えていました。この日本の「再軍備への危機感」はここから現在に至るまで七十年、多くの映画製作者にとって戦争映画を作る大きなモチベーションとなっていきます。

その一方で、今井正は徹底して乾いたタッチで彼女たちの悲劇を描いていきます。

野戦病院でひたすらうめき声をあげ続ける兵たち。二段ベッドでは、上のベッドの兵の垂れ流しになった小便を下のベッドの兵が浴びる。あまりの喉の渇きのため、医療用の汚水を口にして、激しい嘔吐をしながら死んでいく兵もいました。女学生たちも、水を川や井戸に汲みに行くだけで、その行き帰りに米軍機の機銃掃射を受け倒れていきます。

そして、それらの死は全く劇的に盛り上げられることなく、淡々と描かれていきます。その容赦《ようしゃ》なさ、あっけなさが、かえって残酷さを際立たせていました。自害するための青酸カリを女学生たちが和気あいあいとジャンケンをして奪い合う様も、恐ろしい。日常の中に、当然のように「死」が存在している。彼女たちも、それを当然のこととして受け入れている。そういう描かれ方なのです。

そこには、脚本を書いた水木洋子の狙いがありました。「ひめゆり」の生き残りたちに取材した時の想いをこう述べています。

「わたしが関心を抱いたのは、ひめゆり部隊の人たちが、どんな思いであの戦争の時代を生きていたのかということでした。

若い女のひとりとして、他人事とは思えませんでした。

薬も食料もなくなっていく前線、続々と運び込まれる負傷兵、傷つき倒れていく仲間たち――あの激戦の沖縄で、看護婦として動員されながら、彼女たちはいったい何を思って毎日暮らしていたのだろうか」

「ところが、彼女たちは意外なほど淡々としていました。悲惨な体験をしたような人にはとても見えないし、彼女ら自身、特別な体験をしたという意識がないらしいのです。

拍子抜けするほどでした。

でも、考えてみれば当然のことかもしれません。

わたしたちは皆、等しく戦争を体験しました。村でも町でも、生徒たちは動員され、働かされました。

たしかに、沖縄の事情は特殊ではありましたが、あの時期の沖縄にいた者は皆、多かれ少なかれ似たような境遇にいたのです。自分が特殊な体験の持ち主だという自覚がないのは、当たり前のことではないでしょうか。

そんなわけで、ことさらに特殊な描き方をしないというのが、脚本を書くうえでの方針になりました。あの時期のごくふつうの女学生の行動を描けばいいのだと思い至ったのです」（『クロニクル東映』）

本作の容赦なさは「等しく戦争を体験」した作り手たちが、まだその記憶を生々しく残している中だからこその描き方でした。

3　特攻隊映画の登場

『雲ながるる果てに』

一九五三年に公開された重要な戦争映画の一本目が『雲ながるる果てに』（家城《いえき》巳代治《みよじ》監督）です。本作は、戦後に初めて特攻隊を題材にした作品になります。

特攻とは、片道燃料のみの戦闘機に爆弾を搭載させて飛び立たせ、パイロットもろとも敵艦に突っ込ませるという作戦です。人間を兵器として扱う——しかも生還する可能性が作戦の段階で除外されている——文明社会においては本来あってはならない作戦です。太平洋戦争末期、軍はこの作戦を採用しました。

四二年のミッドウェイ海戦での惨敗とその後のガダルカナル島などソロモン海域での戦闘で、多くの優秀なパイロットと戦闘機を失います。そこで、経験のほとんどないパイロットの腕前でも敵艦に大きなダメージを与えられる作戦が必要になります。そして考案されたのが、この特攻でした。

これは戦局打開に向けての最後の決戦とされたフィリピン・レイテ沖海戦を成功に導くための非常手段でした。が、レイテ敗北後もなし崩し的に何度も行われてしまいます。パイロットの経験不足を補うため——という目的で始められた作戦ですので、多くの若い命が奪われる結果になります。

そうした特攻隊を映画として描くにあたり、家城はある確固たるスタンスで臨みます。それは、「美化」でも「批判」でもない、「そうとしか生きられなかった時代に生きた若者たちの純粋な想い」をありのままに描くことで反戦を伝える——というものです。

そこには、これまで作られてきた戦争映画に対する、家城なりの反発がありました。それは、ほとんどの作品に共通する、主人公を「本心は戦争を否定しているのに、無理やりに戦争に参加させられて酷い目にあった被害者」とする描き方です。対して、家城は次のような考えでいました。家城の妻で映画作りのパートナーでもあった家城久子による手記には当時の家城監督の想いが書かれています。

「戦後何本か反戦映画がつくられたが、そのほとんどが、少なくとも戦争中、戦争を肯定しない主人公が、無残にも死んで行った、という主題の反戦映画だ。が、実際には、このような青年たちは、非常に少なかったはずだ。だから今まで出た反戦映画と、相おぎなう意味で、ぼくはお国のために、と純粋に死んで行った大多数の青年たちを通して、反戦を訴える映画をつくりたい」（家城久子『エンドマークはつけないで』）

敗戦時、家城巳代治は三十三歳。自身は結核のため徴兵検査で不合格となりましたが、多くの友人が戦場で命を落としています。彼らの実像をちゃんと描く必要がある。そう考えていたのです。

後になって振り返ってみれば、戦時中の日本軍の無謀や、戦争そのものの非人道性は理解できます。が、その時代を生きていた人が、その時代にそれを認識するのは困難なことです。「国に殉じる」ことが当然という教育を受けてきましたし、マスコミも含めた国論もその流れで統一されています。しかも、戦争末期となると米軍機が次々と来襲して民間人も含めて殺されていく。「国のために命をかけて戦う」という考え方になるのは、そうした状況下においては仕方ないものがあります。

そうした人たちの行動を「なかったもの」とする、あるいは一方的に「悪」として断じる。それでは、本当の意味で「戦争と向き合う」ということにはならないのではないか――そうした問題意識の中で、家城は「特攻」という主題に行きつきます。

「内容的には、戦後特攻隊はバカ者の集団だ、気ちがいだ、などといわれていましたが、自分から進んで死んでいった人も多かった――ということを、戦争中の自分自身の生き方の問題をふくめて、とりあげてみました」（「キネマ旬報」一九六三年一月上旬新年特別号）

本作が描く「特攻隊」像は、「国を守るために殉じた英雄」でもなく「野蛮な作戦に巻き込まれた哀れな被害者」でも「無謀な作戦だとも分からずに突っ込んでいった狂信者」でもありません。その時代に「普通にいた（その姿は後の時代からみれば異常に見えるかもしれないが）」若者たちです。彼らはなぜ「死」を前提とした作戦に飛び込むことになったのか、そして、それぞれにどのような想いを抱えていたのか――。その心情が丁寧に描かれていきます。

家城は特攻隊の実像をつかむため、一人一人の遺族を取材して回るのと同時に、脚本に元特攻隊員を参加させます。それが直居欽哉。後に「座頭市」シリーズなどの名作時代劇にたずさわることになる脚本家です。

直居は、特攻隊を護衛する「直掩隊《ちょくえん》」として沖縄に出撃、米軍の銃撃を受けて戦闘機ごと海に落ちて意識を失い、気づいたら沖縄の浜に打ち上げられていた――という、奇跡的な生還を遂げています。そんな直居のエピソードを交えつつ、作品としてできあがっていきました。

舞台となるのは知覧の特攻隊基地。二度と生きて帰ることのない出撃を間近に控える、特攻隊の若者たちの最期の日々が描かれます。大瀧（鶴田浩二）は特攻隊に自ら志願するような、激情的で純真な青年。深見（木村功）は、戦争や国家の大義に絶えず疑問を投げかける、理性的なインテリ。こう書くと、大瀧と、その生き方を批判的にみつめる深見との対立のドラマと思われるかもしれません。

しかし、本作は、特攻に対して対照的なスタンスの二人を単純に対立させ続けていません。物語終盤、両者の立ち位置は逆転しています。

出撃を目前にして、大瀧は明け方の湖畔で一人、両親や恋人の名前を叫びながら泣き喚き、苦悶して転げ回ります。深見はそんな大瀧の姿を目にしたことで、腕を負傷しているため本来なら出撃しないでも構わないはずなのに「貴様たちと一緒に死にたい」と志願するのです。

それまでの戦争映画であれば、深見は否定的スタンスのまま、強制的に「死」を選ばされる「被害者」として描かれたと思います。そうではなく、双方ともに「苦悩の果てに自らが行きついた決断」として捉えているところに、家城監督の想いが反映されています。

その一方で、ラストのナレーションからは強い反戦メッセージが伝わります。

飛び立つ大瀧の戦闘機の映像に合わせて、彼が両親に宛てた手紙が鶴田自身のナレーションで読まれるのですが、その最後の結びはこう書かれています。

「海軍中尉大瀧正男、身長五尺六寸、体重十七貫五百、きわめて健康」

この「きわめて健康」という言葉は重い。きわめて健康な肉体が、特攻隊の飛行機に乗って、もうすぐ消えていくことになる。特攻という作戦の理不尽さ、そこで失われる命の儚《はかな》さ、それでもなお飛び立たなければならない若者の想い、その全てを表現しているのが、この「きわめて健康」という一言です。

イデオロギーありきのスタンスでは決して描きえない、痛切さが映し出されていました。

『人間魚雷回天』

一九五五年に公開された新東宝の『人間魚雷回天』（松林宗恵《しゅうえ》監督）もまた、元特攻隊員の脚本による作品です。

「回天」とは人間が自ら中に入り、操縦して敵に命中させる特攻用魚雷のことです。そのため「人間魚雷」と呼ばれていました。

描かれるのは、回天に乗って特攻することになった若者たちの最後の日々。彼らはそれぞれに戦争に対して批判的な考えを持っているのですが逆らうことはできず、苦悶し、葛藤し、そして何とかして自分自身を納得させて回天に乗っていきます。

本作を撮った松林宗恵は、敗戦時に二十五歳。自身も海軍の兵として戦地におもむき、洋上で数多くの死に向き合いながら辛くも生還しています。三十年以上におよぶ長い監督生活を、森繁久彌の「社長」シリーズなど会社に言われた企画を担当する「職人」として過ごすことになる松林の、ただ一本の本人発信の企画でした。

松林の本作に寄せる想いを、弟子の瀬川昌治監督は後に次のように語っています。

「生を抑えこむがんじがらめの状況下で、決死ではなく必死を志願し、志願しながらもいかに死を納得するかに悩み、悩み尽きることなく時間に押され、自らの死をもって敵を殺しに赴く若い命を、同じ目線で描こうと一心になっている、そういう作品だ。

後に残るのは空しさ。人が人に強いる暴挙の底知れぬ愚かしさ。しかし決して絶叫はしない。最後まで学徒としての誇りを持ち続け、残る恋人も入水して後を追う。どこも救いはない。だから二度とやってはならない。そういう訴えだ」（大住広人『映画監督松林宗恵　まことしやかにさりげな

『人間魚雷回天』【新東宝名画傑作選】
監督：松林宗恵　脚本：須崎勝彌　原作：津村敏行／齋藤寛
DVD 発売中　￥3800＋税　販売元：バップ © 国際放映

く』)

その言葉の通り、「学徒としての誇り」と「二度とやってはならない」という想いが強く伝わる場面が終盤に出てきます。回天で出撃する朝倉少尉(岡田英次)と、それを見送る元・高等商業教授の年長下士官・田辺(加藤嘉)との間で交わされる、最後のやりとりです。

朝倉「戦争が終りでもしない限り、若い人達の生命は次々に消えていくんです」
田辺「一体戦争は誰がやめさせるんです!」
朝倉「戦争を始めたのが、人間なら、戦争をやめさせるのも人間ですよ」
田辺「一体、人間の意思で、人間の生命が、こんなに簡単にあしらわれてもいゝんですか……」
朝倉「そうだ……僕たちが死んでいくのは、無謀な戦いを無謀なものと気づかせる為なんです。それが、もろくて弱い人間の生命のせめてもの抗議になれば、それでいゝんです。然し、暴力には必ず限度がある!」(「シナリオ」一九五四年十二月号)

本作の脚本を書いた須崎勝彌は敗戦時、二十三歳。彼も『雲ながるる果てに』の直居欽哉と同じく、特攻隊の生還者でした。彼は飛び立ってはいませんが、多くの戦友を見送っています。もう少し戦争が続いていれば、彼もまた特攻していた。先に挙げたやりとりをはじめ、ここに描かれる回天の乗組員たちの想いは、須崎の、そして彼が接してきた特攻隊員の姿が反映されたものでした。

須崎は後に、共に過ごした特攻隊員たちの姿を綴った『カミカゼの真実』という著書を出していますが、その中に、特攻隊の生還者による次のような文章を紹介しています。

「僕達は重い勲章を一杯胸につけた死刑囚でしかなかった。死刑囚の考える明日は、永久に陽の上がらぬ明日であり、太陽の輝きは、及ばぬ空想の中で光るのみであった」
「人間の死は、果たして一艦の沈没に値するであろうか、否」

こうして戦友たちの絶望感と悲嘆、そして生き残った者だからこその自身の想いを、須崎と松林は劇中に込めていきました。

4　戦記と反戦

『太平洋の鷲』

日本が国家としての主権を回復したことで、対米開戦に向かった日本側の事情、言い分を描いた作品も作られるようになります。

それが一九五三年の重要作品の三本目となる『太平洋の鷲』（本多猪四郎《いしろう》監督）です。

これまでの戦争映画は前線の下級兵士を主人公にした作品でした。そして「上層部＝悪」という図式の中で戦争を描いてきました。が、今回は上層部の人間が主人公になります。

山本五十六。日米開戦時の連合艦隊司令長官という、上層部中の上層部です。本作では山本司令長官の目を通して、日米開戦からミッドウェイとソロモンでの敗北を経て敗戦が濃厚になるまでの過程が描かれていきます。

といっても、やはり上層部の人間を主役に、開戦に至る「日本側の事情」を描く——というのは、当時はまだ難しいテーマでもあったようです。そのため、作品冒頭には「二度と同じ失敗を繰り返すまいとすれば、我々はその犯した誤りの実態を、冷静な眼で正しく見極めねばならない」、最後にも「国と国とが精かぎり根かぎり戦って何を生み出そうと云うのか　破壊の外……それは何ものも生み出さない」というテロップを出して、「これは日本の《誤り》を描く反戦映画です。戦争という手段は決してとってはいけない」というアピールを徹底しています。

また、日米開戦の理由についても、その後の作品の多くは「アメリカに追いつめられてやむを得ず」という描き方をしていますが、本作は「陸軍が日独伊三国同盟締結を強行し、海軍はそれに反対しながらも抑えられなかった。その結果として対米開戦になだれ込むことに——」と、陸軍を元凶とする図式になっています。

もう一つ大きなポイントは、いよいよ対米開戦が止められない状況になった際、重臣に「（軍が政治を主導する形で戦争へとひた走るのを誰も止められなくなったことに対して）日本の国民全部が責任を負うべきですな……」というセリフを言わせていることです。これまでの戦争映画のように「庶民＝巻き込まれた被害者」ではなく、強い国家を望んだ世論もまたこうした状況を招く原因だったと喝破しているのです。これは、脚本を書いた橋本忍による痛烈な指摘といえます。

そして物語は、対米戦に勝ち目はないのが分かっていながら、責任者としてその指揮を執らなければならない山本元帥（大河内伝次郎）の葛藤を軸に展開されていきます。つまり、これまでの戦争映画における「戦争に反対しながらも巻き込まれ、苦悩しながら悲劇的な運命をたどることになる理性的な前線の兵士」と同じ立ち位置に山本を置いているのです。

特に、真珠湾攻撃の成功後、最初に映し出される山本のカットがうつむいた表情だというのは象徴的です。作戦成功を喜ぶのではなく、むしろその後におとずれると予想される破滅的状況に対して、もう引き返せなくなってしまったことで暗澹《あんたん》たる気持ちになっている。

その一方で、本作にはこれまでの戦争映画にはなかったシーンが登場します。それは、緊迫感あふれる勇壮な戦争アクション。そして、勇敢でかっこいい軍人の姿です。

真珠湾攻撃の際は、軍艦マーチをＢＧＭに戦闘機は空母から飛び立ち、各機は美しい編隊を組んで飛行、そして真珠湾の米軍艦隊を攻撃していきます。また、ミッドウェイ海戦においては、敗色が決定的な状況下でも残機を率いて敵艦に向かっていくパイロット・友永大尉を三船敏郎が颯爽と演じています。

つまり本作は、従来通りの反戦映画のメッセージ性を踏襲してはいますが、戦後初めて作られた戦記アクション映画という側面もあったのです。

『さらばラバウル』

『太平洋の鷲』が戦記アクションとして戦争を描くことができたのは、円谷英二が率いる東宝の特撮班の技術力に依るところが大きいです。

円谷英二は精巧なミニチュアを作り操演・合成していく特撮技術で、戦中から高い評価を受けていました。特に一九四二年の『ハワイ・マレー沖海戦』（山本嘉次郎監督）での特撮による真珠湾攻撃シーンは、後にGHQが実際の戦闘を撮影したのではと誤解したほど、高い表現技術を有していました。が、戦後になってからは、その技術を発揮する場はほとんどなく、くすぶっていたのです。ようやく、その場に巡り合えたのが『太平洋の鷲』でした。

翌五四年に公開された『さらばラバウル』は円谷特撮による航空アクションの魅力を存分に味わえる作品です。監督は引き続き本多猪四郎。このコンビはすぐ後に特撮怪獣映画の金字塔『ゴジラ』を撮ることになるだけに、息の合ったところを見せています。

舞台となるのは、南太平洋の島にある日本海軍航空隊の基地・ラバウル。ミッドウェイ海戦の敗北後にソロモン海域をめぐりアメリカと戦闘を繰り広げる海軍の軍事拠点です。

ここの制空権を巡る、円谷のミニチュア特撮を駆使した戦闘機同士の戦いが大きな特徴です。特に「イエロースネーク」と呼ばれるアメリカのパイロットと主人公（池部良）との間で中盤に繰り広げられるドッグファイトは、出色の迫力です。

しかも、この主人公がまたかっこいい。寡黙で、クール。しかも、「女に気を取られていたら戦闘機に乗れなくなる」というストイックさ。部下に厳しく接する一方で、彼らが危機に陥ると命をかけて単身、救出に向かう——といった具合に、実にヒロイックに描かれています。

ただ、それだけではありません。戦うことに怯えて酒に逃げ、やがて常軌を逸していく同僚（三國連太郎）を主人公と同等の扱いで描いたり、「イエロースネーク」を捕虜にした際に、「イエロースネーク」からいかに日本軍が人命を軽視しているかを語らせたりもしており、その度に主人公は苦悩します。

『戦艦大和』

このように、一九五三年から五四年にかけては「特撮を駆使した戦記アクション」に「濃厚な反戦メッセージ」を込めて作られた戦争映画が登場するようになります。それは先の東宝の二本だけではありません。

『太平洋の鷲』と同じく五三年に作られた新東宝の『戦艦大和』（阿部豊監督）は、この年の重要作の四本目となります。

大和は最新鋭の技術によって建造された巨大戦艦で、連合艦隊の旗艦として君臨してきました。しかし、戦局が悪化する一方の状況下にあって、一九四五年四月、沖縄戦を支援するため、艦ごと特攻。途中で米軍艦隊に捕捉され、猛烈な攻撃を受けて轟沈することになります。

この映画では、出撃前夜の大和艦内の様子と、最後の戦いの様子が詳細に描かれています。軍艦マーチをＢＧＭに出撃、甲板での凄まじい砲撃と銃撃、そして炎を上げて沈んでいく精巧な大和のミニチュア——と、本作もまた勇壮なスペクタクルが大きな魅力です。

ただ、全体を通してみてみると、「娯楽アクション」という印象は受けません。たとえば冒頭、大和出撃に向けての会議が映し出されるのですが、ここで「最も強力な敵を前に雌雄を決することこそ、彼らも本望ではないか」「潔く歴史の一ページを飾るべき」などと、作戦の実効性ではなく、「いかに敗れるか」という、後ろ向きの精神論で特攻を決める上層部のいい加減さと人命軽視を見せつけられます。

また、大和艦内も、アメリカ国籍をもつ日系の留学生や寝床でスピノザの哲学書を読む若きインテリ乗組員たちがいて、「大和は無用の長物」「空からの敵には無防備」と冷めた目で状況を見つめる者もいれば、「国のために死ぬ。それがどういうことに繋がっているのだ！　俺はいったい何のために生きてきたんだ！　その意味をはっきり知りたい。納得して死にたい」ともうすぐ確実に訪れる「死」と向き合い苦悶する者もいます。

戦闘が始まる直前まで、そうした乗組員たちの日常が淡々としたタッチで描かれており、「戦闘シーンによる高揚感」を愉しむような作品ではありません。ラストも『太平洋の鷲』と同じで、「戦争を生き抜いた者こそ真実、次の戦争を欲しない。太平洋よ、その名の如く、とこしえに静かなれ」という、二度と戦争をしないことを誓い、訴えるナレーションで締めくくられていました。

5　戦地における人間の尊厳

『ビルマの竪琴』『野火』

『きけ、わだつみの声』型の、「人間の理性や知性、尊厳」と「それを容赦なく奪い取っていく戦争」を対置させる構図の戦争映画は、一九五〇年代後半になっても一つの大きな潮流としてありました。

先に挙げた自衛隊の創設、そして日米安全保障条約の存在が、「日本は再び《戦争のできる国》になるのではないだろうか」という危惧を映画製作者たちに抱かせていたのです。その警鐘として、戦争の残酷さを訴える作品が作られていくことになります。

都会的なコメディ映画を作っていた市川崑監督はこの時期、『ビルマの竪琴』(五六年)、『野火』(五九年)という二本の戦争映画で、戦場の地獄と直面した中での人間の在り方を問いかけていきます。市川崑は敗戦時は二十九歳。二度召集されましたが、いずれも病のため入隊はありませんでした。

『ビルマの竪琴』は、敗戦後にビルマにある英軍の収容所に送られた部隊の話です。隊長の井上(三國連太郎)は未だ抵抗を続ける部隊への投降の説得に、部下の水島上等兵(安井昌二)を向かわせます。が、行った先の部隊は頑なに投降を拒み、そして全員が戦死してしまう。その道中で兵たちの無数の無残な死骸を見てきたことも加わり、無常感の中で水島は僧になってこの地に留まり彼らの霊を弔うことにします。仲間から「一緒に日本に帰ろう」と呼びかけられても、それに背を向ける。

ここまでなら、「美談」です。それだけでも十分に反戦のメッセージは伝わります。でも、市川崑と、その脚本を書いた監督の妻・和田夏十《なつと》はそこで終わらせませんでした。ラスト、水島が家族に宛てた手紙が読まれます。そこには、現地に残る水島の想いが綴られていました。その選択は、とても高尚なものです。が、最後に一言、それを読んだ戦友（内藤武敏）のコメントが付け加えてあるのです。

「私が考えているのは、水島の家の人があの手紙を読んでどう思うかということです」

最後のところで、大きくひっくり返しているのです。立派な行いかもしれないが、内地に残され、帰国を待ちわびている家族はそれをどう思うのか――。水島が残ったことは、正しい行いなのか、否か。その選択を最後の最後に、観客に突き付けているのです。

美談で終わらせて満足しないところに、戦争をくぐり抜けた世代だからこその冷徹な着眼点をうかがうことができます。「もし自分だったらどうする――」という実感を、リアルに考えて作品に反映させているのです。

『野火』の舞台となるのは敗戦の半年前、一九四五年二月のフィリピンです。壊滅状態の前線では戦闘らしい戦闘は行われていません。だからといって、兵士たちは日本に戻ることもできない。米軍や現地ゲリラの攻撃に怯えつつ、食糧が尽きる中で飢えに苦しみ続ける――。この舞台設定は『きけ、わだつみの声』と同じです。

ただ本作は、『きけ、わだつみの声』では置いてきぼりになった、傷病者側の話になります。主人公の田村（船越英二）は戦場で肺を病んでいましたが、一方で身体を動かすことができたため、食糧難の部隊からも病院からも爪弾きにされ、単独で行くあてのない彷徨を続けます。そして灼熱の太陽の下、田村は飢餓の戦場の地獄絵図を次々と目撃することに。

置き去りになった病院から這い出る病人たちのゾンビのような姿、荒野におびただしく転がる無機的な日本兵の死骸、来るはずもない救援を求めて鬱々と歩く兵たちの列……。兵士たちに、誰一人として勇壮な軍人はいません。腹を空かせた生気のない表情は、もはや餓鬼に近い姿に映ります。

市川崑は本作において、迫力あるアクションや抒情的に泣かせる場面などのエモーショナルな演出を、一切排除しています。飢餓の極限状態に置かれた時、人間は一体どうなってしまうのか――あくまでもクールな視点から、その有り様を淡々と描き出しているのです。それだけにかえって、兵士たちの受ける恐怖と、その果てに襲いかかる狂気が、観る側にはまるでドキュメント映像であるかのように生々しく突き刺さってきます。

特に、田村が終盤に遭遇する、浜村純扮する将校の存在は凄まじい。うわ言だけ口走りながら木の下で座り込むこの男は、自らの股間に手をやると、漏れ出ている自らの糞を食べるのです。

この異常な場面も市川は決して特別に強調した演出はしておらず、浜村も常軌を逸した様を大袈裟に演じてはいません。そのため、戦場での日常的な風景の一つとして映し出され、狂うことは戦場では特別なことではないのだと思い知らされてしまう。

将校は立ち去る田村に叫びます。「おーい、ここにいてくれ！　俺を食べてもいいよ！」そして、ここから物語は一線を越え、飢えの極限の中で互いを食糧と見なし殺し合う、かつての仲間たちの姿が描かれていきます。

ここまで人間を追いつめて描いた理由を、市川崑は次のように語っています。

「戦争は、人間から、知性というか個性というか、そういう大切なものをいっさい剝ぎ取ってしまう罪悪ですからね。もちろん『野火』は、そのことを生に訴えるんじゃなくて、戦争という悲劇を、徹底的に客観視しようとしたんです」（『市川崑の映画たち』）

戦争という暴力のもたらす「死」が、それまで蓄積してきた知性や理性を容赦なく押しつぶしていく。これまでの戦争映画は、基本的にその構図で描かれてきました。が、『野火』は似ているようで異なります。極限状態にあって、生きるために人間は自らの理性を自身の手で捨てざるをえなくなる。「死」だけなく「生」すらも残酷なものとしてしまうのが、戦争の恐ろしさ。そのことを突き付けてくる作品でした。

『私は貝になりたい』

戦争は人間の知性も理性も個性もはぎとります。それは、戦場で生き残るためにはそれらを捨てざるをえないからです。また、上官の命令はすなわち「天皇の命令」であり、絶対に服従しなければならない状況下にあっては、戦場で兵たちは自ら望む望まざるを問わず、残忍な暴力に加担しなければなりません。

が、戦争が終わり、世の中が理性を取り戻した時、その暴力は「断罪されるべき悪」として扱われることになります。その理不尽を描いたのが、『私は貝になりたい』（五九年）

です。一九五八年に橋本忍の脚本で作られたテレビドラマを、橋本自身が監督して映画化しています。

主人公は豊松（フランキー堺）という人の好い床屋です。妻と子にも恵まれ、幸せな日々を送ってきました。が、召集令状により兵として戦地へ送られたことで、全てが変わります。

上官から捕虜を殺す命令を受けてしまうのです。この捕虜を殺すというのは国際法違反。でも、それが前線で行われてしまった。上官の命令は「天皇陛下の命令」ということで、絶対に従うしかありませんでした。

そして、戦争が終わる。上官たちは連合国による戦犯裁判にかけられます。そして、捕虜殺害犯の一人として豊松の名前が挙げられる。豊松は、ようやく戦争から戻ってきて家族とともに床屋の生活を送っていたのですが、そこにＧＨＱがやってきて逮捕されてしまう。そして戦犯裁判にかけられる。

豊松は「上官の命令で仕方なくやった」と弁明するのですが、聞き入れられない。「それを拒むことができたはずだ」と。「上官の命令は天皇陛下の命令だから逆らえるはずがない」と言っても、「実際に天皇が命令したのか」と返されてしまう。彼は日本の組織特有の「無言の圧力」に押し流されざるを得なかった。でも、それがアメリカ人に理解してもらえない。「逆らわなかった段階で意志があったんだろう」と。

そして死刑判決が出てしまう。妻も含めて控訴に向けて戦うのですが、覆《くつがえ》らない。そして最後は「生まれ変わるなら、私は貝になりたい」と言って絞首刑になってしまう。

普通に生活を送っていた人間が戦争に巻き込まれた途端に、自らも人を殺すしかなくなる。そして、戦争が終わるとそのことを罪として裁かれる。理不尽な軍隊や戦争というものに、無力な個人が押し流されていく。戦争にいった兵たちは断罪される戦争犯罪者ではなく「被害者」である。そんな、この時代の反戦映画の大きな特徴を象徴した作品といえます。

『人間の條件』

その一方で、戦場にあっても理性を持ち続けよう、正義を貫こうと懸命に戦った人間の物語も登場します。それが『人間の條件』。五味川純平の小説を小林正樹監督が映画化した作品で、一九五九年から六一年にかけて、全六部が公開されました。

小林正樹は敗戦時、二十九歳。ソ連と満州の国境警備から宮古島へ転属し、敗戦後は沖縄本島の捕虜収容所で強制労働をさせられていました。その経験が作品の内容に強く反映されています。

第一部・第二部の舞台は一九四三年の満州。南満州鉄鋼会社に勤める主人公の梶（仲代達矢）は正義感が強い純粋な男で、そのために社内で疎《うと》まれて鉱山の労務管理を命じられます。現地では中国兵の捕虜を始めとする工人たちが過酷な労働条件に喘《あえ》ぎながら働かされていました。そんな状況を目の当たりにした梶は、増産のためなら人の命など物の数とも思わない残忍な現場監督や軍部の人間たちと衝突していきます。

そのために梶は前線に兵として送られてしまいます。第三部では初年兵としての地獄の特訓、そして第四部ではソ連軍との戦闘が描かれます。ここでも梶は、軍の非道さに怒り、上官たちと衝突します。それでも兵としての成長を見せていき、第二部までの青さは完全に消え、歴戦の兵という雰囲気を見せるようになります。

そして、第五部と第六部は、終戦後の話。梶たちはソ連軍の敗残兵狩りの中を必死に逃げます。その中には兵だけではなく、内地から移住してきた民間人たちもいました。軍から見放された彼らを守りながら、梶は道を切り開こうとします。最終の第六部ではソ連に投降、極寒のシベリアに抑留されます。ここでも、過酷な仕打ちが待っていました。梶は正義のために反抗を繰り返し、ついに脱走をしてしまいます。

「あまりにもぼくの軍隊生活、考えていたことが主人公の梶と近かった。ぼくには梶のような勇気はなかったけれど、考え方の基本としては非常に親近感を覚えたのです」

「人間には生きるためのぎりぎりの権利がある。その線を持ちこたえた男、守り続けた男。ぼくは梶をそのようにとらえています」（『映画監督　小林正樹』）

戦争は人間の理性をはぎとり、尊厳を容赦なく潰していきます。梶は、そうした中で屈することなく、自分自身を貫き通します。その姿に、小林正樹は戦時中に自分自身ができなかったことを仮託したのでした。

しかし、梶が正義と理想を信じ、理不尽と戦えば戦うほど、劇中での彼の状況は悪化していきます。そして、シベリアの収容所を脱走した梶は猛烈な飢えと寒さの中で倒れ、その姿は雪の中に埋もれてしまいます。

「あのラストシーンですが、梶が雪に埋もれて死んでいくのは、日本人が背負った罪に対する罰なのです。そういうものを背負って梶は死んでいった。第五部・第六部で梶は、人間の原罪のようなものを背負い放浪します。それは日本人全部が感じなければいけない罪です」(『映画監督　小林正樹』)

ただ英雄的に描くのではなく、その「罪」も背負わせる。この時期の反戦映画ならではの締めくくり方といえます。

『赤い天使』

少し製作年は後になりますが、戦地における人間の尊厳を突き詰めた作品を語る上で欠かせないのが、一九六六年の『赤い天使』(増村保造監督)です。

本作では中国戦線の野戦病院を舞台に、戦闘により心身ともに傷ついた兵たちの阿鼻叫喚が描かれていきます。最前線の野戦病院には、重傷を負った兵が次々と運びこまれてきます。しかし、薬にも包帯にも事欠く状態で、映し出されるのは「苦しい!」「殺してくれ!」と泣き叫ぶ姿ばかり。しかも、麻酔も輸血用の血液もないので、手術といっても兵たちの腕や足を麻酔なしのままノコギリで切断していくしかない。その手足は、生ごみのように投げ捨てられていく。

そうした中で、軍医（芦田伸介）もまた心を病み、「兵隊を見殺しにするか、かたわにするか。それ以外に何もできない医者だ。これが医者といえるか！　キチガイにならないのが不思議だ……」と嘆きます。そして、そうした現実から逃避するため、軍医はモルヒネ依存症に陥ります。

ここまで徹底して生き地獄を描く狙いを、増村は次のように述べています。

「私はこの作品で始めて戦争そのものの残酷さ、非人間性を描こうと考えました」
「私は野戦病院の描写の中で、戦争がどれほど人間をこわれものにし、スクラップにするか、丹念に描いて見ました。そこでは、兵士はもはや人間ではなく、単なる『物』でしかない。手足は斬り捨てられ、腹は割かれますが、多くは死体と化して焼却される」
「生ける屍にとっては、むしろ生される方が苦しく、死んだ方がましかも知れず、自殺しても仕方がありません。こんな多くの犠牲を払いながら、戦争は一向に終結せず、ますます状況は悪くなるばかり」
「この希望と解決のない戦い、理想と信念のない戦いは人間の心も容赦なく破壊します」(『映画監督　増村保造の世界』)

増村は敗戦時、二十歳。同年代を多く戦争で失った世代です。

この地獄のような野戦病院に赴任してくるのが、看護婦・さくら(若尾文子)。増村は彼女を「天使」と捉え、その美しい心で泥沼にもがき苦しむ男たちに優しい光を当てます。しかし、それは決して温かい救いではありません。

たとえば、両腕を切断された兵(川津祐介)との場面。彼は手がないため、性欲をもよおしても自慰行為すらできない。そのため、さくらに手淫を頼むことになります。人間はそこまで落ちてしまうのか……という惨めさがえぐり出されています。

さくらはそれを受け入れます。それどころか、彼女は兵を外に連れ出し、ホテルで自らの身体を差し出すのです。しかし男は「これ以上の幸せはもう味わえないだろうから、生きていても無駄だ」と考え、投身自殺してしまう。

『野火』が極限状態における食欲の在り方を描いたとしたら、本作は極限状態における性欲の在り方を描いた作品でもあります。平常時では考えられない人間の浅ましさと惨めさ。そこまで人間を落としていく戦争の恐ろしさを描いた作品でした。

第二章　戦争映画の娯楽化

1　もはや戦後ではない

『人間魚雷出撃す』『敵中横断三百里』

一九五〇年代後半、世相は大きく変わっていきます。

「神武景気」「岩戸景気」と続いた好景気により経済は上昇を続け、生活水準は戦前を上回るようになっていきます。そうした中で電気洗濯機・白黒テレビ・冷蔵庫の「三種の神器」といった家電の登場で生活様式も一変しました。一九五九年は初めての民間出身の皇太子妃が大ブームとなり、そのご成婚パレードの中継を観るためにテレビ放送の受信世帯も爆発的に増えます。

経済白書の結語が「もはや『戦後』ではない」だった一九五六年には、芥川賞を受賞した石原慎太郎の小説を映画化した『太陽の季節』が公開されます。続く『狂った果実』とあわせて「太陽族映画」と呼ばれる一連の作品では、大人たちに反抗していく若者たちの自由で破滅的な青春が描かれ、それをキッカケに石原裕次郎が戦後世代の若者のアイコンとしてスターとなります。

戦争を引きずる若者から、戦後を謳歌する若者へ。敗戦から十年を経て、そのメンタリティは大きく変わりました。

街から焼け跡は消え、代わりにビルが建設されるようになり、景色からも生活からも人々の心からも「敗戦の暗さ」は消えていきました。そうした世相の変化に合わせるかのように、これまでになかったタイプの戦争映画が登場していきます。

五六年の日活映画『人間魚雷出撃す』(古川卓巳監督)は、まさにそのような作品でした。

前年の『人間魚雷回天』と同じく、自ら魚雷に乗り込んで特攻する「回天」の乗組員となった若者たちが描かれているのですが、切り口は大きく異なります。『人間魚雷回天』は、出撃の直前まで葛藤する若者たちを描き、「悲劇」として反戦のメッセージを訴えていました。が、本作はそうではありません。

回天を搭載した潜水艦が軍艦マーチをＢＧＭに出撃するのをはじめ、勇壮な作品なのです。乗組員を演じる石原裕次郎、長門裕之ともに悲壮感はなく、むしろ血気盛んに出撃を望みます。そして、潜水艦の危機を救うために敵艦めがけて出撃するのですが、この時もＢＧＭは勇壮です。

艦長（森雅之）は実は彼らを出撃させたくなかったという設定で、最後も艦長の「これら若人は何も語らない」「私は彼らの声なき叫びを後の世まで語り伝えたい」という言葉で締めくくり、一応の「反戦」の構えはありますが、基本的には明るく勇ましい作りになっています。

もう一つ象徴的なのは、本作は「戦後になってからの艦長の回想」という形で描かれていることです。つまり、ここでの戦闘は「過去の追憶」ということになります。それまでの戦争映画が作り手たちの生々しい経験をそのままぶつけていったことに比べて、戦争に対する精神的な距離感が遠くなっていることがうかがえます。

この『人間魚雷出撃す』のように、反戦メッセージを前面に押し出さない、あるいは戦争の悲惨さを描かない――そうしたエンターテインメント的な色合いが濃い戦争映画が一九五〇年代の後半から作られるようになっていきます。

一九五七年の『敵中横断三百里』（森一生監督）も、そうした一本といえます。日露戦争中の満州を舞台に、ロシア軍の動向を探るために敵中へ決死の潜行をしようとする斥候隊の話で、さまざまな危機を突破していく様が娯楽映画としてスリリングに描かれていきます。

しかも、これは戦前、監督デビュー前の黒澤明が自らのために書いたものの、「監督第一作にしては金がかかりすぎる」と却下された脚本が元になっています。戦前に書かれた戦争映画ということは、戦争に向けての国威高揚を企図した映画——ということです。

そして、黒澤自身も戦中は戦争映画について「すべからく米英をとことんまでやっつけて見せる映画でなければならぬ」（「新映画」一九四四年十一月号＝『大系　黒澤明　第一巻』）と語っています。そうした脚本がほぼそのままに娯楽大作として製作されている事実は、日本の映画製作者の意識から「戦後」、つまり「敗戦国日本」の影が薄らいできたことの表れということができます。

2　大蔵貢と新東宝

『軍神山本元帥と連合艦隊』

反戦アピールの薄い、娯楽作品としての戦争映画を特に強く推し進めたのが、新東宝でした。

新東宝は先に挙げた『人間魚雷回天』『戦艦大和』を製作・配給した会社ですが、そうした作品を作っていた頃とはわずかの間に状況が変わっていました。

新東宝は一九四七年に東宝から分裂してできた会社ですが、新興企業で配給網が脆弱だったため、収益が上がらず赤字が累積。そして五五年、映画興行で辣腕を振るっていた大蔵貢《みつぎ》が社長に就任することになります。

大蔵は低予算映画を連発することで危機を脱しようと、徹底した予算管理体制を敷きました。同時に、その内容について次のような方針を立てています。

「どの作品にも〝明るい楽しさ〟とともに〝犠牲愛や愛国精神〟のいわゆる〝愛と魂の

尊さ〟を打ち出すことを努める」（大蔵貢『わが芸と金と恋』）

ここで重要なポイントとなるのは、戦後の日本が民主化していく中で否定されタブー視されてきた「愛国精神」の四文字が含まれていることです。そして大蔵は、戦争映画にも、この「愛国精神」を強く打ち出していきました。

大蔵は敗戦時は四十五歳。十七歳の時に受けた徴兵検査ではあまりに貧弱な身体だったため不合格になったといいます。

彼の「愛国精神」に基づいた戦争映画の最初は、一九五六年の『軍神山本元帥と連合艦隊』（志村敏夫監督）。『太平洋の鷲』と同じく、日米開戦から南太平洋で命を落とすまでの山本五十六・連合艦隊司令長官を追った作品になっています。

『太平洋の鷲』で大河内伝次郎が演じた時と同じく、本作『軍神山本元帥と連合艦隊』で佐分利信の演じる山本も国力の違いから米国に勝てないと判断しており、対米和平派として描かれています。その一方で、『太平洋の鷲』が「陸軍に押し切られてやむなく」という形での対米開戦だったのに対して、本作ではアメリカ主導の「ＡＢＣＤ包囲網」により対日輸出を周辺諸国に止められたための資源不足の打開――という日本側のやまれぬ事情も語られるようになりました。また、真珠湾攻撃の直前まで対米和平を望む山本元帥の姿も克明に描かれています。

そこには、大蔵の明確な意図がありました。

「山本五十六という偉人を通じて、太平洋戦争についての日本に対する誤解を一掃したいと考えた。

太平洋戦争については『パールハーバーを忘れるな！』というアメリカ側の巧みな宣伝で真実はゆがめられ、日本人でさえそう考えているものが多い。そこで私は、ＡＢＣＤライン包囲によって日本が戦争に追い込まれた経過、開戦時における山本元帥の堂々たる措置などをありのままに描き、これを世に訴えたいと思った」（『わが芸と金と恋』）

それから、もう一つ大きなポイントは、タイトルです。山本五十六に対して「軍神」という言葉が冠せられているのです。戦後日本にあっては、太平洋戦争での日本の行いは全て否定されるべきものとされてきましたので、司令長官である山本五十六を戦中のように「神」と崇めるのは大いなるタブーでした。が、それを堂々とタイトルにしています。

そこにも、大蔵のこだわりがありました。

「また題名のトップに〝軍神〟とつけるのは困るから削除してほしい、と映倫から強い要望があったが私は『靖国神社があり、軍人がまつられている以上〝軍神〟といっても決しておかしくない』とがんばって押し切ってしまった」（『わが芸と金と恋』）

オープニングは靖国神社の拝殿の菊の紋章のアップに始まり、タイトルバックのテーマ曲に軍艦マーチを賑々《にぎにぎ》しくかけ、「愛国」色濃厚な作品となりました。

『明治天皇と日露大戦争』

『軍神山本元帥と連合艦隊』が良好な興行成績を収めたことに自信をもった大蔵は、この「愛国」路線をさらに拡大させ、とてつもない戦争映画を作り上げます。

それが翌一九五七年の『明治天皇と日露大戦争』（渡辺邦男監督）でした。

時代劇スターの嵐寛寿郎が明治天皇に扮し、その英明さ、慈悲深さ、思慮深さ、カリスマ性が徹底して描かれており、将兵から一般国民までこぞって、明治天皇のために喜んで一命をなげうっていきます。つまり、「明治天皇の威光により兵たちが奮戦して日露戦争に勝利、ロシアの侵略から日本は守られた」という、戦前の国威高揚映画のような内容の作品なのです。いや、戦前だと天皇を俳優が顔を出して演じるというのは不敬罪になるので、戦前でも描き得なかった超・愛国映画といえます。

この狙いを、大蔵は次のように述べています。

「日露大戦争を通じて明治天皇の偉大さを描く。〝天皇は国家国民の象徴である〟と憲法にあっても、何が故に象徴なのか、今の青少年には全然その意味が分かっていない。そこでこの映画では、日本民族と天皇との他国に例のない特殊なつながりを強調し、戦後すっかり失われた民族のプライドをとり戻し、団結心、愛国心を復活させたい」（『わが芸と金と恋』）

この、大蔵の徹底した戦前回帰・反戦色ゼロの方針は興行的に大成功となりました。戦後の日本映画で最高となる興収を記録したのです。この記録は一九六五年の『東京オリンピック』（市川崑監督）まで破られませんでした。

『明治天皇と日露大戦争』【新東宝名画傑作選】
原作・監督：渡辺邦男
DVD 発売中　¥3800＋税　販売元：バップ © 国際放映

この大ヒットの要因としては、大蔵の狙い通り、「神国」から「敗戦国」に落ちぶれたことで失われた「民族のプライド」をくすぐったこと、それから君主としての天皇制を含めた戦前への郷愁もあるでしょう。皇太子を試写に呼んだ話題性も大きかった。そして何より、こうした作品を娯楽として消費できるだけの「戦争への距離感」と余裕が生まれていたという証左とも考えられます。

この後、大蔵は「柳の下にドジョウは二匹いる」と、翌五八年に『天皇・皇后と日清戦争』（並木鏡太郎監督）を製作。さらに五九年の『大東亜戦争と国際裁判』（小森白《きよし》監督）では、戦後封印されてきた用語である「大東亜戦争」を堂々とタイトルに冠し、戦争責任者として忌み嫌われてきた東条英機を嵐寛寿郎に演じさせてその昭和天皇への忠君ぶりや家族愛なども描き、徹底して戦後の価値観を否定していきます。この作品では東京裁判の不公平性も掘り下げており、圧倒的に不利な状況下で裁判自体の無効性を訴える戦犯側の弁護士を演じる佐々木孝丸の凜々しさが際立っていました。

そして六〇年の『皇室と戦争とわが民族』（小森白監督）で、この「愛国」路線は行くところまで行き着きます。冒頭、嵐寛寿郎が神武天皇を演じたと思ったら、後はその徳が昭和天皇に受け継がれ、「いかにして終戦や戦後復興に尽力したか」がナレーションとニュース映像で展開、テレビ番組の『皇室アルバム』のような内容になっていました。なお、途中少しだけ、敗戦を認めず玉音放送を妨害しようとする陸軍の若手将校によるクーデター未遂事件が描かれ、その青年将校たちを宇津井健、天知茂、菅原文太という後に活躍する新東宝の若手が演じており、劇映画としての体裁をかろうじて保っていました。

3　風刺喜劇の登場

『二等兵物語』

この一九五〇年代後半には、「喜劇調の戦争映画」も作られるようになりました。

それまでの戦争映画は、戦場の理不尽さや軍隊の非人間性を伝える際、シリアスな悲劇として描いてきました。そこに、ユーモラスなキャラクターや茶化したような描写を交えつつ喜劇として描く、風刺的な戦争映画が作られるようになります。

その端緒となったのは、一九五五年の『二等兵物語』（福田晴一監督）です。

これも『真空地帯』『人間の條件』と同様に徴兵で兵営に入れられた初年兵たちが、上等兵や上官たちから酷いイビリを受けるという内容になっています。異なるのは、その初年兵を伴淳三郎、花菱アチャコというコメディアンが演じていることです。

悪運と要領がよく、それでいて軍に対して冷めた目でいる古川（伴）と、鈍重で要領が悪く、いつも貧乏くじを引いてばかりの柳田（花菱）。二人は兵営で友情を育んでいきます。

ラブコメ的なドタバタがあったり、コミカルな描写もありますが、基本的には二人はひたすら理不尽な目にあい続けます。特に、幼い息子と二人暮らしなのを引き離されて、一人で生きなければならない息子が心配でならない柳田の姿は哀れを誘います。

「これはみな戦争が悪いんだ。誰がこんな戦争起こしやがったか知らんけれども、なんでわてら親子、こない苦しまんなりまへんのでっしゃろ……。そんなこと考えたらアホらしゅうて……ああ、おもろ」

と、空しく呟く場面など、アチャコがコメディアンならではのペーソスある喜劇芝居を見せています。

一方の伴淳三郎は、その飄々《ひょうひょう》とした芝居が劇中の喜劇要素として救いになっているのですが、ラストになって一転します。戦争が終わると、これまで偉そうにしていた上官や上等兵たちは、こぞって食糧庫に走り、物資を奪い合います。それを見て呆れた古川が銃をとり、彼らにつきつけます。そして、叫びます。

「昨日まで規律規律と厳格に言ってきた奴らのすることか！」

「一人残らずぶち殺してやるから覚悟しろ！」

「俺たちだって、同じ人間だぞ！　俺たちだって、やっぱり赤い血が流れてるんだぞ！　ノミやシラミじゃないんだ！」

従来の戦争映画では、主人公はただ無残に破れるだけでした。それがついに、反抗の機会を得たのです。これは、本作が喜劇としてのフィクション性のある世界だからこそ許される啖呵といえます。

この作品は人気を博し、伴淳三郎と花菱アチャコのコンビのまま設定を変えて、前線を舞台にした喜劇としてシリーズ化、計十作が作られました。

『グラマ島の誘惑』『南の島に雪が降る』

喜劇映画の名手・川島雄三監督による一九五九年の『グラマ島の誘惑』はさらに陽気な内容になっています。

敗戦を間近にした時期の南太平洋。内地へ帰還する船が撃沈され、乗船者が孤島に漂着します。生き残ったのは、皇族の為久親王（森繁久彌）、その弟の為永親王（フランキー堺）、彼らを護衛する軍人（桂小金治）、戦争未亡人（八千草薫）、報道班員（淡路恵子、岸田今日子）、それに慰安婦たち。そこに島で一人で暮らす現地人（三橋達也）が絡んでいきます。

島にあっても普段と変わらず偉そうに暮らす為久、皇族たちの権威と銃で女性たち相手に我が物顔で振る舞う軍人、彼らに意見したために追放される報道班員たち、したたかに生き残ろうとする慰安婦。墜落した米軍機から物資を得た報道班員たちは現地人と組み、慰安婦たちを懐柔して革命を起こします。そして、島では民主制が敷かれ、平等なシステムの中で誰もが幸せに暮らしていく——という展開です。

「途中で天皇制批判を出しすぎて主題が分裂しました」（「キネマ旬報」一九六三年四月上旬号）と川島雄三が振り返るほど、痛烈な風刺がテンコ盛りに盛り込まれた作品ですが、森繁やフランキーの飄々とした芝居と川島ならではの軽妙な演出が、そのメッセージの重さにかかわらず楽しいエンターテインメント作品として成り立たせていました。

戦時中の南太平洋の島を舞台にした喜劇映画では、他に一九六一年の『南の島に雪が降る』（久松静児監督）があります。これは、俳優の加東大介の戦地での実体験を元に作られた作品で、加東が自身の役を演じています。

舞台は太平洋戦争末期のニューギニア戦線。食糧難にマラリアの流行、そして毎日のように襲来する敵機……という悲惨な戦局にあって、軍は長期戦に向けて準備を始めます。そうした状況下で、衛生伍長であった加東は少しでも兵たちの心を安んじようと、兵たちで劇団を作って芝居を上演することを提案します。ここの上層部は物分かりがよく、これを認めます。そして、加東はオーディションを開きます。

そのオーディションの様子が物語の前半を占めます。伴淳三郎、三木のり平、桂小金治といった名喜劇役者たちが楽しい芸を披露しているので、これが過酷な南方戦線を舞台にした戦争映画だということを忘れるほど穏やかで温かい空気が流れます。そして、劇団は無事に結成され、劇場まで作ってもらい、彼らの劇は兵たちの心を慰めていきます。兵たちは、そこで繰り広げられる劇だけでなく、背景の屋台や木々、そして降りしきる小道具の雪に、遠い故郷を思い出して涙します。過酷な状況を背負った兵たちも出てきますが、作品全体の温かい空気が彼らを優しく包み、どこか救いを与えているように映っていました。

自らの経験談を「笑える話」として表に出すことができたのは、やはり戦争が終わって時間が経った、というのも大きかったようです。加東自身、このように振り返っています。

「こんどの大戦では筆舌につくせぬ悲惨な話が各地に伝えられた。ニューギニアもそのひとつだ。しかし、生き残って帰還し、『拾六年間相立申候』というベールに包まれた今日では、そういうことより、瞬間的なおかしかったことや、ちょっとした楽しい思い出ばかりが残っていく。

そのとき涙で言葉がつづかなかったことでも、今は笑って話せるようになる」（加東大介『南の島に雪が降る』）

戦後も十六年の歳月を経たことで、現地で戦った元兵士にとっても、戦争は「生々しい経験」から「懐かしい記憶」へと変化していたのです。そして加東は、自身の書いた原作本のあとがきの最後に、兵士の遺族たちから寄せられたこのような声を紹介しています。

「父はニューギニアで死にました。母は、父が病気や食べものでくるしんだあげくジャングルの中で死んで、可哀想でたまらないと、十数年たったいまでも、思い出して泣いております。それが貴方の体験記を読み、父も貴方の芝居を見ていたときだけは、日本に帰ったつもりになり、苦労を忘れて一時たのしんでいたんだろう、とホッとしたといっております」

南方戦線では、『きけ、わだつみの声』『ビルマの竪琴』『野火』のような悲惨なことばかりでなく、笑えること、楽しいこともあったという本作の提示した内容は、戦場で家族を失った遺族たちの救いにもなったのです。戦場の兵だけでなく、残された者たちにとっても、慰めとなる作品となりました。

4 アウトローたちの反抗

『独立愚連隊』

『二等兵物語』のように、軍隊生活を茶化したり風刺したり、軍の理不尽さに反抗する様をコミカルに描いたりする作品が人気を得たことで、戦争映画に新たなキャラクターが登場するようになります。それは「アウトロー」です。

これまでの戦争映画でも軍や上官に反抗する軍人は描かれてきました。が、彼らは軍隊の理不尽に最終的には押し流されていく被害者という扱いでした。

今度はそれに明確に反抗していく者たち、あるいは前線にあっても規律など「クソくらえ」で我が道を進もうとする者たち――。そうした「軍隊内アウトロー」の活躍を、時にコミカルな描写を交えつつ描いた娯楽戦争映画が、五〇年代後半から六〇年代前半にかけて次々と作られていきます。

その大きな契機となったのが、岡本喜八監督による一九五九年の『独立愚連隊』です（岡本監督の戦争映画に関しては第二部で改めて詳しく掘り下げます）。

「独立愚連隊」と呼ばれる、軍隊の鼻つまみ者、はみ出し者たち――つまりアウトローの集められた部隊が中国戦線の最前線にあるという設定の話です。そこで一人の兵が死に、その真相究明に被害者の兄（佐藤允《まこと》）が従軍記者のふりをしてやってくる――というミステリー仕立ての話になっています。揃いも揃って怪しげなクセ者ばかりの独立愚連隊の面々と、カラッとしていて豪快な主人公とのユーモラスなやりとりが大きな魅力です。

後半になると展開は一変します。戦局が厳しくなっていく中で、独立愚連隊も撤退を開始します。ところが、彼らを待っているはずの大隊の基地には、もう誰もいない。前線に取り残されてしまったのです。

弟殺害の真犯人とガンマンのような決闘をやったり、雲霞《うんか》の如く大群で攻め寄せてくる中国の八路軍を相手に激しい銃撃戦をしたり――中国戦線の乾いた広大な大陸という舞台の特性と、「銃火器を違和感なく使える」という戦争の特性を大いに利用して、岡本喜八は西部劇調のアクションを展開していきました。

重かったり、暗かったり、ウェットだったり、というこれまでの戦争映画の演出と異なり、スピーディなアクションやコミカルな人間描写を強く押し出した作品となっています。

岡本喜八も軍隊経験者で、戦時中はかなり悲惨な体験をしています。ですので、本作もただ明るく楽しい作品になっているわけではありません。「独立愚連隊」はこの後、『独立愚連隊西へ』『どぶ鼠作戦』『血と砂』と設定は毎回リセットした別作品としてでありますが、シリーズ化していきます。

　これらに共通するのは、一作目と同様、アウトロー的な兵たちが上層部に切り捨てられ、前線に置き去りになってしまうことです。彼らが、その中をいかに切り抜けていくかを描いている。その根底には、やはり前線の兵たちは横暴な軍の被害者である――という、従来の戦争映画と同じ精神があります。その表現の方法が、これまでと異なっていたのです。

　ではなぜ、岡本はそのような手法を採ったのか。それは、第二部で詳しく掘り下げます。

　それから、岡本喜八監督作品ではない「独立愚連隊」シリーズ作品にも、注目作があります。それが一九六三年の『独立機関銃隊未だ射撃中』（谷口千吉監督）です。

　戦争終結前後のソ連と満州の国境を舞台に、日本の戦局打開を信じてトーチカに籠って戦い続ける兵たちの話です。援護もない中でソ連の大軍を迎え撃たねばならない緊迫感と絶望感が描かれます。ほぼ全編がトーチカという狭く暗い密室で展開されるため、彼らが向き合う死の恐怖が重苦しく圧《の》し掛かる、息づまる作品です。

『零戦黒雲一家』『ゼロ・ファイター大空戦』『殴り込み艦隊』『いれずみ突撃隊』

一九五九年の『独立愚連隊』以降、各映画会社は似た設定の「アウトロー戦争映画」を、舞台となる場所を変えて製作していきます。

「独立愚連隊」シリーズは中国戦線を舞台にした陸軍の話でしたが、たとえば日活は南太平洋を舞台に戦闘機乗りたちを描く『零戦黒雲一家』（舛田利雄監督）を一九六二年に、東宝も同じく南太平洋の航空隊で『ゼロ・ファイター大空戦』（森谷司郎監督）を六六年に、東映は南太平洋を舞台に駆逐艦の乗組員たちを描く『殴り込み艦隊』（島津昇一監督）を六〇年に作っています。また東映は他にも「独立愚連隊」シリーズと同じ中国戦線の陸軍を舞台に『いれずみ突撃隊』（石井輝男監督）を六四年に、松竹も中国戦線の陸軍で『阿片台地　地獄部隊突撃せよ』（加藤泰監督）を六六年に、それぞれ作りました。

これらの作品は基本的な展開は同じです。なんらかの事情で上官に楯突いた跳ね返り者の兵が辺境の最前線に飛ばされる。そこには、負けず劣らずの荒くれ者たちがいて、主人公は彼らと対立したり意気投合したりしながら、危険な命がけの任務に挑んでいく――というものです。理不尽な軍や上官に反抗できるという、アウトローだからこその痛快さ。日本軍独特の軍規の厳しさに縛られずに自由に戦う楽しさ。普段はエリートから白い目で見られる荒くれたちが大きなミッションに立ち向かうワクワク感。この設定を使うと、娯楽映画としての魅力が満載になるのです。

実際のところ、こうした作品が連発された背景には、「戦争映画を娯楽作品として撮りたい」という作り手側の狙いもありました。

たとえば『零戦黒雲一家』の舛田利雄は「僕は戦争を描くつもりはなくて、アウトローたちのアクションドラマの題材として零戦だったという感覚なんだ」（『映画監督　舛田利雄』）と、『いれずみ突撃隊』の石井輝男は「本格的な戦場ものやろうって意識はまったくありませんでしたからね。だからわりあいに気楽なセンなんですよね」（『石井輝男映画魂』）と、それぞれ明確に娯楽映画への志向を口にしています。

戦争映画は、反戦を訴える場だけでなく娯楽を描く場へと、作り手たちの意識が広がっていったことがよく分かります。

5　増村保造の「青春映画」

『兵隊やくざ』

一九六〇年代に各社がこぞって作った「アウトロー戦争映画」で、「独立愚連隊」シリーズに並んで人気を博したのが、大映の「兵隊やくざ」シリーズでした。これは、全九作が作られています。「独立愚連隊」とは異なり、同じ人物設定でそれぞれ連続した作品になっており、六五年に作られた第一作は増村保造監督が撮っています。

基本的には、「二等兵物語」シリーズをよりフィクショナルにした内容です。腕っぷしが強く喧嘩っ早い暴れん坊の大宮一等兵（勝新太郎）と、インテリの有田上等兵（田村高廣）のコンビが、軍隊のさまざまな理不尽に抗《あらが》っていく。「二等兵物語」の二人は、どんなひどい目に遭っても耐えるしかなかったのですが、「兵隊やくざ」の二人は、きっちりやり返します。

大宮も有田も反骨心が旺盛で、大宮の豪胆さと強さを有田が知恵を使って巧みに操縦したりフォローしたり。大宮は有田に心酔し、有田は大宮を「可愛い奴だ」と思っているので、惚れ合った二人のコンビネーションも抜群。理不尽ないじめを仕掛けてくる古参兵たちを痛快なまでに、叩きのめしていきます。

彼らの行動は実際の陸軍においてはありえないことですが、それを無視して反抗し、そして打ち破っていく。あえてそう描いたところに、増村保造の狙いがありました。

「この映画を作った頃、日本の社会は見事な経済成長を遂げ、着々と体制を整えていました。軍国主義日本の代りに、経済大国日本が出現しはじめたわけですが、その社会を動かす人間の心情やモラルや行動は全く戦争前とちがいありません。『お国のために』が『会社のために』と代っただけで、ビジネスマンたちは旧軍隊と同様、上下の規律を守り、猛進撃を敢行しました。そのおかげで経済は成長したのですが、同時に人間の自由やヒューマニズムが否定され出しました。

『兵隊やくざ』は、この鉄の体制に反逆する二人の兵隊を描いたのです」

「二人とも体制側から見ればアウトロウで、軍隊組織からはみ出した落伍者です。しかし、落伍者だからこそ、軍隊の持つ悪徳がよく分り、それを憎悪して戦うことができます」(『映画監督　増村保造の世界』)

増村が離れた二作目以降もこのスタンスは一貫しており、二人は絶えず反抗を繰り返し、逃げてはまた捕まり、そして反抗してまた逃げて……を繰り返していきます。体制に屈服することはありません。そういうキャラクターの場合、日本の戦争映画においては『人間の条件』の梶のように最終的には破滅的な終焉を迎えてしまいます。が、このシリーズは違います。どこまでも明るいタッチで、ひたすら自由を求めて抗い続けるのです。

シリーズの最後も、内地に戻らずに孤児となった赤ん坊を二人で大陸で育てよう――というところで終わっていきます。最後まで抵抗を貫いた上に、ハッピーエンドを迎える、日本映画では稀《け》有《う》なシリーズとなりました。

『陸軍中野学校』

増村は『兵隊やくざ』を「青春映画」と捉えていました。大宮は有田のために、有田は大宮のために、互いが互いのために、「利害打算を超え、全身を賭けて、愛し切る」(『映画監督　増村保造の世界』)という二人の友情こそ、青春そのものだと。

増村の描く青春映画としての軍隊生活――という視点でいうと、アプローチは大きく異なりますが、その要素がより色濃く出ているのが一九六六年の『陸軍中野学校』です。「学校」というように、学園ものの映画です。が、その「学校」で教える内容が普通とは大きく異なっているわけですが。

中野学校は戦時中、スパイを養成する学校でした。この作品では、その養成過程が克明に描かれていきます。語学や戦闘訓練に加え、手品や薬学、金庫破りに殺人テクニックまで習います。女性を籠絡するための社交術やセックス術、そして拷問を受けても耐え抜く特訓までカリキュラムにあります。傍《はた》からみると物騒な内容の講義でも、普通の座学と同じように粛々《しゅくしゅく》と教え、教わっていく様が実にユニークです。

主人公（市川雷蔵）たちは名前を変え、存在を消し、入学し、中野学校の第一期生として非情の世界に飛び込んでいくわけですが、創設者でもある校長（加東大介）の熱意や、共同生活によって、互いの帰属意識や連帯感が高まっていく。この辺りも、学園ドラマのような描かれ方です。

「一人の参謀中佐の思想と人間を愛した十八人の青年が、スパイの仕事に一生を賭けるに至る道程を描く作品である。スパイとは何かを描くのではなくして、青春とは何かを描きたい」（『映画監督　増村保造の世界』）

と増村は述べていますが、まさにその通りの展開になっています。

そして、全ての「青春」がそうであるように、主人公にも「大人」に向けての通過儀礼があります。彼はスパイ候補生ですから、それは尋常なものではありません。ただ、それをいとも見事にやってのけます。一人の純粋な若者は消え、非情なスパイが生まれる。その瞬間が、スタイリッシュな映像で切り取られていました。

その後、本作は増村の手を離れ、スパイ・サスペンス映画として娯楽色豊かにシリーズ化していきます。

6　東宝の特撮アクション

『潜水艦イ‐57降伏せず』

一九六〇年代の娯楽化していく戦争映画について語る際、欠かすことができないのが東宝の戦記アクション映画です。

東宝の最大の強みは、特撮監督である円谷英二の存在です。精巧なミニチュア造形と操演、それを合成した特撮を駆使した円谷ならではの、リアルでスケールの大きい航空戦や艦隊戦の迫力は、他社の戦争映画では決して真似できないものでした。特撮映画を一手に手掛けてきた田中友幸プロデューサーが海軍に強い憧憬を抱いていたこともあり、東宝は海軍を舞台にした作品を中心に製作していきます。そのため、円谷の技術は遺憾なく発揮されることになりました。

既に東宝は『太平洋の鷲』『さらばラバウル』という二本の戦記アクションを作ってきましたが、その内容に円谷は不満があったようです。


「『太平洋の鷲』『さらばラバウル』は復帰後の作品であるが、この二作品は、戦時中の仕事の連続のような感銘、殊に敗戦の悲劇を扱ったものだけに製作の意欲もあがらない。せっかく、平和で自由な日本になったのだから、心を暗くするような敗戦物よりも、何も彼も忘れて楽しめるような奇想天外なものを作った方が面白い」(『円谷英二の映像世界』)

この後、円谷は田中と組んで『ゴジラ』などのまさに「奇想天外」な特撮映画を撮り、世界にその名を馳せることになるのですが、戦争映画に関しても「心を暗くするような敗戦物」ではない、円谷の「製作の意欲」を掻き立てるような作品が作られていきます。

その最初となるのは、一九五九年の『潜水艦イ－57降伏せず』(松林宗恵監督)です。

舞台となるのは、沖縄は既に陥落し連合艦隊は壊滅、軍は本土決戦に向けて動き出している敗戦間際の時期です。

歴戦を生き抜いてきた潜水艦イ－57は、ある国の外交官父娘をスペイン領のカナリー諸島まで輸送するよう命じられます。もうすぐ始まるポツダム会談で少しでも日本の有利になるよう、その外交官に働きかけてもらうためです。制海権を完全に敵に抑えられている状況下で、潜水艦はペナンから喜望峰を回ってカナリー諸島へ。その間、敵の攻撃を何度も受けますが、任務遂行のため必死にかわしていきます。

特撮と実写を巧みに合わせた水中・水上のアクションが、リアルに作られた艦内セットの、見るからに暗く重く暑苦しい空気とあいまって緊迫感を高めていきます。また、どんな危機にあっても「それが俺たちの任務だ」とクールに言い切る艦長（池部良）をはじめ、艦内の乗組員たちはそれぞれにプロ意識が徹底されていて、「横暴な人間」「嫌味な人間」は全くいません。そのため、戦争アクション映画としての娯楽性が際立ちました。

『人間魚雷回天』のような、静かな反戦映画だけでなく、こうした娯楽アクションを撮れるのが、松林宗恵の職人監督たるところです。ですが、ただ会社の企画として撮ったわけではありません。本作への想いを松林は、次のように語ります。

「『潜水艦イ－57降伏せず』では戦争に負けて悔しいといった、当時の我々の心情も正直に描きました。そうした想いをないがしろにしては、戦争の真実は描けません」(「キネマ旬報」二〇〇〇年九月上旬号)

その悔しさの原点にあったのは、松林自身が戦時中にみた、ある光景でした。

松林は海軍少尉として輸送艦の甲板にいた際、米軍の偵察機による攻撃を受けます。この時、米軍機の投下した爆弾により艦が傾き、松林は上甲板から中甲板に叩きつけられてしまいます。その瞬間、遠ざかっていく敵機の後部座席から機銃を撃っている米兵の顔がはっきり見えたといいます。米兵はガムを噛みながら笑っていました。一方、甲板の機銃兵たちはほとんどが首や腕がちぎれ、腹から臓物を出して戦死していた――。

以降の東宝戦争映画の多くには、この「悔しい」という精神が通底することになります。それは「敗戦国であっても負けっ放しではない！」という、アメリカへのせめてもの意地。戦争経験者が、戦時中に果たすことのできなかった「アメリカへの一矢《いっし》」を映画を通して報いようということです。これまで日本映画の作り手が敗戦国の人間として表に出しにくかった心情が、ぶつけられることになりました。

そのため、たとえ最後は敗北で終わるとしても、「作戦の成功→歓喜」という場面が一度は大きく描かれますし、その際にヒロイックな主人公が颯爽と活躍もします。勇壮でロマンあふれる戦記アクションが、短い期間ながらも日本で作られた時期があったのです。

『太平洋の嵐』

一九五〇年代の後半から六〇年代の初頭にかけ、東宝は大作主義に製作の重点を置いています。その中核に黒澤明監督の時代劇や怪獣特撮と並んで据えられたのが、戦記アクションでした。東宝は特撮用に巨大なプールを建設、円谷はさらに大規模な海・空のアクションシーンの撮影が可能になりました。そして、その機能が存分に発揮されたのが、一九六〇年の『太平洋の嵐』（松林宗恵監督）です。

真珠湾攻撃に始まり、ミッドウェイ海戦に終わるという展開は、以前に東宝で作られた『太平洋の鷲』にも近いですが、そのタッチはまるで違います。

『太平洋の鷲』では山本五十六の葛藤に軸が置かれていたのに対し、本作は航空母艦「飛龍」を舞台に、最前線で戦う乗組員やパイロットたちの姿が中心に描かれます。そのため、太平洋戦争ものの映画にありがちな、「山本五十六を中心にした作戦会議」といった場面はほとんどありません。戦闘シーンと艦内の人間ドラマが主に描かれていきます。

この設定により円谷特撮が躍動しました。冒頭から、真珠湾へ向かう零戦の大編隊や洋上を行く飛龍の威容にも圧倒されますが、この真珠湾攻撃シーンが凄まじい。縮尺五百分の一という真珠湾の巨大ミニチュア・セットが、撮影所内の特撮用プールに一万平方メートルを使って本作のために作られました。そこには何隻もの米軍艦が浮かび、飛行場には無数の戦闘機が並ぶのです。

この緻密にして壮大なセットが、容赦なく爆撃されていきます。大破する戦艦、爆発する戦闘機、炎上する港湾設備……。驚くべきスペクタクルです。

その後のミッドウェイ海戦に関しても、悲惨な戦局の中でも奮戦して戦果をあげた友成大尉（鶴田浩二）の零戦隊の活躍に焦点が当てられているので、連合艦隊の惨状だけでなく、友成隊の航空戦が大迫力で描かれていきます。

「飛龍を指揮する三船敏郎が出撃する鶴田浩二を見送る際の握手シーンがかもし出す「オールスター映画」感や、「赤城・加賀の仇を討ってくれ！」という期待を受けて颯爽と飛び立つ友成隊の勇姿も含めて、「娯楽超大作」として堂々たる構えで作られた作品といえます。

『太平洋の翼』

一九六三年に公開された東宝映画『太平洋の翼』（松林宗恵監督）は、さらに航空アクションに焦点を絞った作品になっています。

レイテ海戦に敗れた一九四四年から物語は始まります。レイテ一度きりのはずの特攻作戦を継続しようという上層部の方針に反対した航空参謀の千田（三船敏郎）は、生き残りの優秀なパイロットを集めて精強な戦闘機隊を編成し、それによる制空権奪回を提案します。

そして、ラバウル、フィリピン、硫黄島から、それぞれパイロットたちが集められます。といっても、制空権も制海権もアメリカに奪われているので、そう簡単に移動はできません。まず序盤は、彼らをいかにして本土に戻すか、その敵中突破のサスペンスが描かれます。

集められた面々は零戦の後継機である紫電改《しでんかい》に乗り込み、アメリカ軍を迎え撃つ準備を進めます。そして、本土に来襲したアメリカの機動部隊と激しい航空戦を交わし、大戦果をあげます。

『太平洋の嵐』を上回る大編隊同士の壮絶な航空戦は圧巻の一言で、ど迫力のアクションが展開されます。また、戦艦大和の巨大ミニチュアも大きな効果を上げていて、紫電改が大和に並んで飛んでいく場面などは壮観です。

その一方で、これらの東宝戦記映画はただの娯楽アクション映画ではありません。いずれも最終的には、苦く重い展開が待ち受けています。

『潜水艦イ－57降伏せず』は、外交官の輸送中にポツダム宣言が出されてしまい、彼らの命がけの任務は全くの無駄になってしまいます。しかも、通信機器が壊れてしまったために作戦中止を伝える電報は届かず、上層部は彼らを見捨ててしまう。

『太平洋の嵐』には、飛龍が自軍の「魚雷処分」により大破する際に脱出できずに置き去りになった負傷者たちが、ただ静かに死の時を待つ姿が描かれています。また、生き残った兵たちも、ミッドウェイの敗戦を隠蔽《いんぺい》したい上層部の意向により、病院では外出も面会も許されず、退院するや南方戦線の最前線に送られるという理不尽な目にあって終わります。

『太平洋の翼』は、上層部の意向で戦力を分散させられ戦死者が相次いだ揚げ句に、最後は否定してきた特攻作戦に巻き込まれます。

三作をいずれも監督した松林宗恵は、戦争映画を作る際には必ず「無常観」を根底に置いたといいます。

その「無常」は、たとえば『太平洋の嵐』の終盤の描写からも強くうかがえます。画面には、海底に沈む空母飛龍の姿が映し出されます。その朽ち果てた船内には司令官（三船敏郎）と艦長（田崎潤）の亡霊がたたずみ、淡々とした口調で次のように語り合います。

「これからも、みんな勇ましく死んで、こういう墓場が太平洋に増えるんでしょうなあ」

「もう増やしたくないがなあ……」

戦争経験者だからこそ、ただの娯楽、ただの美談として戦争を描くわけにはいかない。その強い想いが、一連の作品からはうかがえます。

『太平洋奇跡の作戦　キスカ』

この時期の東宝作品には、完全なハッピーエンドで終わる戦争映画もあります。

それが一九六五年の『太平洋奇跡の作戦　キスカ』（丸山誠治監督）。

舞台となるのは太平洋北方、アリューシャン列島にあるキスカ島。その近くのアッツ島では既に日本の守備隊全員が玉砕しており、キスカ島でも、米軍が制海権と制空権を握る中で守備隊の命運は風前の灯となっていました。このままでは、彼らも玉砕するしかなくなる。日本軍には「生きて虜囚の辱を受けず」という掟があるため、投降は許されませんでした。

そして、これ以上、玉砕による犠牲を出してはならないということで、キスカ救出作戦が決行されることになります。

救出といっても、一人や二人ではありません。守備隊は五千人いるのです。救出のためには一隻や二隻の船ではなく、艦隊を向かわせる必要がある。島を取り囲む米軍艦隊に見つからないよう、周辺海域に濃霧が立ち込めている間に艦隊を沿岸まで突入させ、海岸に待機する守備隊を乗り込ませる。それが、作戦概要です。迅速に行動しなければ、敵に見つかり攻撃されてしまいます。成功のためには、艦隊と島との緊密な連携が必要になります。といっても、通信を敵に傍受されるわけにはいかないので、その作戦内容を伝えるために、敵の制海圏内を決死の潜行で伝令が向かうことになりました。

周囲が全て敵という状況で遂行されるため、一つの小さな判断ミスが艦隊も守備隊も悲惨な状況に追い込むことになります。それでも作戦責任者の大村司令（三船敏郎）はどんな窮地に陥ろうとも慌てず騒がず、泰然自若の姿勢を保って冷静に的確な判断を下していきます。島まであと一歩のところに辿りつきながらも霧が晴れてきたことで引き返す判断を下す慎重さを見せる一方、後続の艦が濃霧のためはぐれた時は米軍に見つかる危険も顧みずに大砲を放って合図を送る果断さも持ち合わせています。

島の方では、最初の作戦通達以降の伝令はありません。ですので、予定通りに来てくれることを信じて作戦通りに動く。が、なかなか状況がととのわず、艦隊は何度も引き返してしまう。それを繰り返すうちに、島の兵の間で諦めが広がっていきます。

作戦遂行のサスペンス性と濃厚な人間ドラマの充実感。そして訪れる歓喜の瞬間。日本の戦争映画では数少ない、救いで終わる作品になっています。

7　特攻隊映画の量産

大映の特攻隊映画シリーズ

先に挙げた日活の『人間魚雷出撃す』がそうであったように、戦争映画が娯楽化していくにつれて、特攻の描かれ方にも変化が生まれます。以前は、「生きて帰還することを許されない非人道的な作戦に直面した若者たちの葛藤」が描かれていましたが、今度は「国土防衛（作戦遂行）のために勇んで命を捧げる若者たち」が描かれるようになったのです。

一九五〇年代の終わりから六〇年代にかけて、大映は特攻を扱った映画を多く作っていますが、その大半はそうした内容になっています。

第一弾は一九五九年の『海軍兵学校物語　あゝ江田島』（村山三男監督）です。広島県の江田島《えたじま》にあった、海軍の士官を育成する兵学校を舞台にした物語です。

兵営においては上等兵や古参兵たちが初年兵を厳しく指導していましたが、ここは学校なので、代わりに上級生が新入生を厳しく指導します。声の出し方、布団のたたみ方、階段の上がり方。その一つ一つが「江田島流」と異なると、容赦なく鉄拳制裁が飛ぶ。そこは軍隊と変わらない描かれ方です。

新入生の村瀬（野口啓二）はそんなやり方に対していつも冷めた目で見ていて、江田島流で育った上級生を「魂のない抜け殻」だと公然と批判します。彼は上級生の小暮（本郷功次郎）に目をつけられ、事あるごとに痛めつけられます。

多くの戦争映画は、そうした暴力を否定的に描き、軍隊の理不尽さ、非人道性の象徴として扱ってきました。が、本作ではそうではありません。

最終的に村瀬は小暮の真心に感謝するようになり、小暮の卒業時には「ありがとうございます！」と涙ながらに礼を言っています。また、故郷の恩師にも「積極的に生きる勇気を小暮生徒は教えてくれたのです！」と嬉しそうに述べてもいます。つまり、こうした軍隊による暴力指導を肯定的に扱っているのです。

特攻に際しても、小暮は「この未曾有の国難にあたり、小暮中尉、一死をもって祖国の盾になります！」と回天で出撃していきました。

ラストで生き残った者が現在から振り返りながら「ああ、戦争とはなんと空しいものだろう」と言っていますが、劇中でその空しさが描かれていないため、「最後に一応とってつけた反戦メッセージ」という感があります。予告編が「軍艦マーチをBGMにたなびく日章旗」という映像で始まっていることからして、復古調を売りにした作品だといえます。

六九年に作られた『あゝ海軍』（村山三男監督）は、本編が軍艦マーチに日章旗――というオープニングで幕を開けます。そして、江田島の兵学校から物語は始まります。

主人公（中村吉右衛門）は当初、一高と江田島を併願していて、先に合格したため江田島に入学します。が、後で一高の合格を知り退学を申し出るのですが、聞き入れられず、兵学校で猛特訓を受けます。当初はふてくされて過ごしていましたが、やがて母の危篤の報を受けても「母の子である前に海軍軍人なのです！」と見舞いを断るまでの一人前の「軍人」になっていきます。

その後、歴戦の戦闘機乗りとして各地を転戦。一時は江田島で鬼教官として若者の指導に当たった後、最後は自ら志願して沖縄への特攻に参加します。

指導の際に「今は海軍に参加して本当に良かったと思っておる！」と言うなど、軍隊も特攻も肯定的に描くという作品になっています。

脚本家・須崎勝彌と『あゝ零戦』

大映の一連の戦争映画はこの時期、計五本が作られました。そのうち四本を撮ったのが、村山三男監督。敗戦時は二十五歳で、陸軍の兵隊でした。巨体の持ち主で、監督になってからついたあだ名は「中隊長」。ただ、彼が美談的に戦争を捉えた作品ばかり撮っていたかというと、そうではありません。たとえば『氷雪の門』（七四年）では、終戦後に樺太に侵攻してきたソ連軍による民間人の虐殺を描いています。

また、彼の撮った一連の大映特攻隊映画の中にも、一本だけ毛色の異なる作品がありま
す。

それが一九六五年の『あゝ零戦』です。ここでは、戦局が悪化し始めた一九四二年のニューギニア戦線から、末期の沖縄出撃まで、零戦の乗組員たちのドラマが描かれます。大きな特徴は、前線の上官たちが特攻を否定し、若者たちに少しでも長く生きることを望んでいることです。

たとえば、終盤の沖縄への特攻出撃の場面。隊長（長谷川明男）は若いパイロットたちを集めて、こう言います。

「体当たりを志願する者、一歩前へ！」

体当たりとは、特攻のことです。若者たちはみな揃って前に出ます。すると、隊長はこう言って怒鳴ります。

「バカ者！　心やすく体当たりと言ってるが、零戦は爆弾の翼がわりに生まれてきたんじゃないんだぞ！　零戦を愛することは、己を愛することだ！」

命を大事にしろ——。この映画では、それを何度も訴えかけてきます。他の大映特攻隊作品は、若者が国のために命を捨てることも、それをさせる軍も是《ぜ》として捉え、彼らの死を美談として描いてきました。が、この作品だけはそうではないのです。

この映画の脚本を書いたのは、須崎勝彌です。彼は他にも『人間魚雷回天』『潜水艦イ－57降伏せず』『太平洋の翼』『あゝ同期の桜』『あゝ予科練』『連合艦隊』など、数多くの戦争映画の脚本を書いています。

前にも書きましたが、須崎勝彌は元特攻隊員です。一九四四年九月、東北大学在学中に学徒兵として徴兵され、海軍飛行予備学生に。そして、彼と同じ十四期生のうち百六十三名が特攻で戦死しました。その中には戦友も多かった。戦争がもう少し長引いていたら、彼もまた特攻に出ていました。

ともすれば、特攻の「国に殉じる」「何かを守るために命を捧げる」という精神をひたすら賛美し、彼らの「死」そのものを全肯定する方向に流れかねないのですが、須崎は決してそのような描き方をしません。

「生きろ」「生き残れ」。彼がたずさわったほとんどの戦争映画において、劇中のセリフを通して兵たちに、そう呼びかけ続けます。

たとえば先に挙げた『太平洋の翼』は、そんな須崎だからこそ書けた作品といえます。千田航空参謀（三船敏郎）は零戦の後継機である紫電改を使った精強な戦闘機隊を組織しますが、それは軍にこれ以上特攻作戦をさせないためでした。紫電改部隊が成功すれば、誰も特攻をしないで済む。

パイロットを集めての千田の演説に、その想いがほとばしっています。

「これからは命を大事にしろ！　お前たちの命を！　近頃やたらと爆弾を抱いて体当たりすることが流行《はや》っておるが、人間は爆弾ではない！　一億玉砕の聞こえはいい。しかし、これほど完全な敗北はない！」

「立派に戦ってくれ！　最後の最後まで、生き抜いてくれ！」

そこには、須崎自身が特攻隊の生き残りであるからこその、先に散った戦友たちへの強い悔恨の想いがありました。

特攻で死んでいった戦友たちの思い出を須崎自身が綴った著書『カミカゼの真実』には、ある特攻隊員の次のような日記が紹介されています。

「四月十六日

　今日はまだ生きています。

四月十七日

今日も生きています。
四月十八日
今日も生きています。
四月二十八日
只今より出発します」

特攻。それは「出撃すれば、必ず死ぬ」という作戦です。昨日まで生きていた人間が、特攻の日になると必ず死ぬ。そこにどのような大義があれ、その事実だけは変わりありません。そして須崎は、その「死」と向き合い続けた戦友たちを間近に見てきましたし、自身もその覚悟を持っていました。それだけに、須崎が脚本を担当した戦争映画では、特攻で出撃した兵たちを決して華々しく死なせようとはしません。最後の最後まで、生きている、生きようとしているその姿を描こうとします。

たとえば、『人間魚雷回天』のラストシーン。回天に乗って特攻した朝倉少尉（岡田英次）は敵艦にたどりつけず、海底に沈むのですが、須崎の書いた脚本では次のような描写で表現されています。

「胸近くまで水にひたりながら、短刀で壁に刻む。
『一五三〇、我未だ生存せり』
最後の力を揮《ふる》って刻み終える。静かに死を覚悟する。胸から下げた秒時計を外して、発動。一秒、二秒、三秒、新しい時が始まる中に朝倉少尉、静かに瞑目《めいもく》」（「シナリオ」一九五四年十二月号）

そして、須崎が劇中の特攻隊を通して描いたのは、戦友たちへの想いだけではありません。同時に、当時の自分自身を仮託してもいます。

須崎脚本による戦争映画のもう一つの大きな特徴は、戦場であっても知性、知識、学問への想いを捨ててはならないというメッセージが出てくることです。

たとえば、『人間魚雷回天』の朝倉少尉は、出撃の前の晩までカントの哲学書を原語で読んでいます。そして、そのことに気づいた下士官（加藤嘉）が高等商業の教授をしていたと知ると、こう語りかけます。

「僕なんかは、慌しい学生生活で、これといった学問もしなかったけれど、唯一つ、自分の生命を見つめる習慣を養えたことが今更の様に嬉しいんです。やはり、大学っていい所ですね……」

そして、次の世代に講義してあげてほしいと、それを渡します。『あゝ同期の桜』(中島貞夫監督)にも、学問を求める若者の姿が描かれています。それは劇中で読み上げられる、戦死した学徒兵の日記に書かれた一文です。

「俺は思う。俺に一番似合うのは、俺の書斎と大学の図書館を往復しながら社会科学の勉強をすることだ。その間二キロの道を毎日歩いて通いたい。途中で出合う、おでん屋のお内儀さん、古本屋の親爺さん、喫茶店の娘さん、質屋の番頭さん、それらの人達はみんな俺の生活に大事な人達だ、静かに生きて、厳しい姿勢で、激しく学問の道を究めてみたい。もし生あらば……」

また『あゝ予科練』(村山新治監督)でも、戦争に関係ないからとやる気なく国語の講義を受ける予科練の学生に対し、国語教師がこう言う場面があります。

「短い一生の中で、今しか学問をやる時はないんだ。だから私は軍人の教官が教えないことを精いっぱい教えてあげたいんだ」

須崎も東北大学、つまり旧帝国大学生のインテリでした。朝倉少尉のような想いを抱いて、須崎自身も特攻に出る日まで暮らしていたのです。だからこそ、劇中でも学問を尊いものとして描き、若者たちに語り掛けてきました。

それだけに、若者たちから学問を奪った戦争が許せない。学徒出陣を可能にした、徴兵猶予の撤廃について、須崎は後にこう書いています。

「昭和十八年の秋、徴兵猶予撤廃の勅令は、日本の社会科学を完全に抹殺した。これは明治百年の歴史の中に見逃してはならない事件である」(「シナリオ」一九六七年四月号)

『あゝ同期の桜』

一九六〇年代後半、大映だけでなく東映も特攻隊映画を作っていました。その四本のうち、『あゝ同期の桜』『あゝ予科練』の二本の脚本を須崎が書いています。

特に、最初に作られた『あゝ同期の桜』（一九六七年）は、須崎の作家性が存分に発揮された作品となりました。

東映で特攻隊映画を作ろうと企画したのは、俊藤浩滋プロデューサーでした。当時、東映は鶴田浩二、高倉健の二大スターを中心にした任俠映画路線が大成功しており、俊藤がそれを牽引《けんいん》していました。絶対不利な状況下にありながら、私利私欲を捨て、大事なものを守るために単身で多数の敵に斬りこんでいく——というのが任俠映画の基本構成です。そうした任俠の世界に生きるヤクザの姿と、命を捨て単身で敵機に突っ込んでいく特攻隊員の姿が重なる部分があるため、後藤は海軍飛行予備学生たちの遺稿集を読んで映画化を思いついたといいます。

高倉健も、後にこのようなコメントを残しています。

「特攻隊を志願した当時の若者たちは、国と肉親を守るため最後の勝利を信じて死んでいったのだろうと思います。彼らの純粋な気持ちは、任侠映画のヒロイズムと多くの点で一致するのではないでしょうか。ドスと操縦桿の違いはあっても、自己犠牲の精神は同じものではないでしょうか」(『最後の特攻隊』パンフレット)

ただ、脚本は須崎勝彌です。目の前で戦友たちが苦しむ様を見てきた男が、そう簡単に「ヒロイズム」を描いたりはしません。遺稿を原作に映画化する上での十四期生の遺族たちの条件が、脚本を須崎に任せることでした。同じ十四期生だった彼なら、遺稿に込められた想いを的確に映画化してくれるという信頼があったのでしょう。

本作は、学徒出陣で徴兵された若者たちが、厳しい初年兵教育を受け、やがて特攻隊として死んでいくまでの群像劇です。描かれるのは、須崎脚本『人間魚雷回天』と同じ、死と直面した彼らの葛藤です。

冒頭から、学徒兵の一人(松方弘樹)の「己の天命を血気の勇で縮めたくはない」という独白で始まることが象徴するように、徹底して厭戦感が漂う作品になっています。

たとえば、最初の出撃から漏れ「私も行かせてください!」と血気盛んに迫る不破(蟹江敬三)に対し、隊長(鶴田浩二)が「死を急ぐんじゃない!」と強い口調で諭す場面など、随所に須崎の想いが溢れています。

特攻に出撃するも目標を見失い帰営した南条（夏八木勲）は生きて帰ったため、かえって重い十字架を背負うことになります。「少しでも生きようとしたら、苦しくなる。神経が擦り切れるほど、苦しくなる。俺達はもう死んでるんだよ」

若者たちが苦しむ一方で、上層部は「人間の命はいくらでもあるが、飛行機の代りはない」と言い放ったり、「一度出た者が帰ってくると士気に関わる」という理由ですぐさま再び出撃させようとしたり、かなり冷淡に描かれます。それが、若者たちの絶望感を一段と深めて映し出していきました。生きたいという渇望と、それを諦めざるをえない絶望。その狭間で誰もがもがき苦しみます。

これは、監督の中島貞夫も合致した想いでした。


「戦争における死に、もし意義があるとするならば、それは極めて反語的な意味です。その状況におかれ、死と直面した人々の、激しい生への希求を描き、生の重みを描くことが、今の私に与えられた仕事であると信じます」（「シナリオ」一九六七年四月号）

中島は敗戦時、十一歳。軍隊経験のない中島は理念としての反戦メッセージを本作に込めます。それは、須崎の想いと重なり合います。

両者の想いは、ラストシーンへと結実します。

本作のラスト、特攻機が米艦に体当たりする瞬間で画面はストップ。そして、このようなテロップが挿入されます。


「その瞬間、彼等はまだ生きていた。この時から僅か四ヶ月、戦争は終った」


この場面を書くにあたり、須崎の頭にはあの「今日はまだ生きています」という、特攻隊員の日記がよぎったといいます。そして、彼の声を聞く思いがしたと。それは、このような声でした。

「特攻で出撃した若者たちの命を、ぎりぎりまで追ってくれ」

加えて、「僅か四ヶ月、戦争は終った」というテロップの「僅か」をあえて入れたところに、強い無念を読み取ることができます。

『人間魚雷　あゝ回天特別攻撃隊』

『あゝ同期の桜』は社内では批判が大きかったようで、その強い厭戦感に対して「あれは左翼の映画だ」という声があったといいます。また、ラストシーンについては大川博社長からカットの指示がありました。

それでも、当時の製作本部長で映画製作の差配をしていた岡田茂や俊藤が作り手側の意思を尊重、一部の改変があったのみで映画は公開されます。俊藤は「ただあの時代には、自分の家族を守るために命を賭けるというほうが圧倒的に多かった」と付け加えた上で、次のように述べています。

「『いや、なんぼ国のためでも死ぬのはいやだ。自分の人生を全うしたい』と言うのがいてもいい。そんなことを言うとすぐ〝非国民〟にされてしまう時代に、あえて口にする勇気はたいへんなもので、誰にもはできん」(『任俠映画伝』)

俊藤浩滋は敗戦時は二十八歳。戦時中は軍需工場で働いていました。

『あゝ同期の桜』は年間配収で九位となるヒット作となりました。東映でも特攻隊映画は年に一本ずつのペースで作られていきます。

そして、大映もそうでしたが、この時期の映画会社では、同じ会社で同じようなキャストなのに、次には全く正反対の視点からの作品を作っているのです。

翌六八年の『人間魚雷　あゝ回天特別攻撃隊』（小沢茂弘監督）は、まさにそんな作品でした。「『あゝ同期の桜』姉妹篇」とクレジットされていますが、内容は正反対です。主人公は「回天」の開発者・大里史郎大尉（鶴田浩二）。人間自身を魚雷に乗せて敵艦に突っ込ませるという兵器を考案した人物が主人公ですから、特攻作戦に関しても、徹底して肯定的に描かれます。

象徴的な場面があります。「たとえ必殺であっても必死という兵器を認めるわけにはいかん」と大里の「回天」案を突っぱねる上官（金子信雄）に対し、大里はこう反論します。

「今こそ、乾坤一擲《けんこんいってき》、必死必殺の作戦を採らぬ限り、日本の勝利はおぼつかないのではと考えるのであります！　私は軍人として、祖国の急に処すべき道を教えられてきました！　今こそ、その日を行う時と信じます！」

このやりとりを文字だけで見ると、作品によっては「人命を尊重する理知的な上官と、狂気に駆られた軍人」という図式になります。が、ここではそうではありません。上官を金子信雄が嫌味な感じで演じる一方、鶴田浩二が猛烈な熱演をしているので、大里が全面的に正しいという描かれ方になっています。

他にも、大里たちに冷めた態度で接していた若い兵（伊丹十三）が最終的には感化されて彼らに同調するという展開もあり、『あゝ同期の桜』とは何から何まで正反対。最後の出撃も、軍艦マーチに乗せて勇壮に描かれます。

俊藤自身、戦争映画の描き方に関しては幅のある考え方を持っていました。

「戦争映画を撮るとき、戦争は悪なんだという姿勢だけでやっても観客を感動させることはできない。それが私の信念だ。戦争が良くないことぐらい子どもでも知っているわけで、わざわざそんなことを強調せんでも、戦争がこういう形であったということをきちっと描いたらいい。で、結果、『いやあ、戦争って勇ましいな』と見る人、『戦争は悲惨や。二度と起こしたらあかん』と思う人、それはいろいろだろう。個人の感じ方、考え方で異なるし、戦争で父親や夫や兄弟が死んだ人の場合はまた違うてくる。

私としてはとにかくちゃんとした映画をつくろうと心掛けた」（『任侠映画伝』）

『最後の特攻隊』

一九六八年の『あゝ予科練』では須崎勝彌が再登板しています。ただ『あゝ同期の桜』ほどの強いメッセージ性はなく、過酷な状況下で友情を育んでいく若者たちの群像劇に焦点が当てられていました。

そして、一連の作品の最後となったのが、七〇年の『最後の特攻隊』（佐藤純彌監督）です。この映画は、特攻隊そのものではなく、「直掩隊」という、特攻機の護衛にあたる戦闘機隊の視点から描かれます。つまり、死地まで特攻の若者たちを届け続ける部隊。これまでとまた異なる「死」との向き合い方が展開されることになりました。

この設定についての想いを佐藤は次のように述べています。

「このドラマの主人公は、特攻隊を戦場まで送り届けることが任務で、自分は必ず帰還しなければなりません。この主人公から隔絶して生きなければならない苦しさと悲しさ、そして終戦の翌日の自殺をみつめて、絶叫することなく反戦を打ち出してみました」

(『最後の特攻隊』パンフレット)

佐藤は敗戦時、十二歳。戦時中は疎開先の山形で過ごしています。

一方、脚本を書いたのは直居欽哉。戦後最初の特攻隊映画『雲ながるる果てに』を書いた脚本家です。須崎の一つ先輩にあたる海軍飛行予備学生十三期の出身で、十三期生は十四期の約三倍もの若者が特攻で死にました。そして、直居自身も出撃しています。

本作の特攻へのスタンスは、物語の冒頭から早くも提示されます。

レイテ沖海戦を勝利に導くための初めての特攻作戦が提案され、それに対する矢代少将(見明《みあけ》凡太朗)の反対意見から物語は幕を開けます。

「人間は兵器ではありません。いかに逼迫《ひっぱく》した戦局であっても、人間を爆弾とともに突撃させる必死隊は日本海軍七十年の歴史の汚点となります!」

この意見は押し切られ、矢代は責任をとる形で司令官でありながら自ら特攻機に搭乗、「人間を爆弾に仕立てる特攻作戦は、これ一回で終わりにしたいんだ」と言い残して戦死していきます。

この他にも、本作には特攻に対して否定的な考えが通底しています。たとえば、直掩隊が結成されることになった際、その隊長を命じられた主人公の宗方大尉（鶴田浩二）が一度は断る時のセリフは象徴的です。


「（軍上層部は）他の作戦を考えつかぬ無能無策をごまかすため、戦果を誇大に発表し、特攻を美化しています。私はそんな連中のお先棒を担ぎたくない！」


さらに際立っているのが、宗方の右腕的な存在である堂本上飛曹です。

彼は歴戦のパイロットですが、それだけに特攻に対しては徹底して否定的なスタンスでいます。最初の特攻の際には「私の身につけてきた技術をもっとお役に立てたいのでございます」と参加を拒否、特攻に志願してきた弟に対しては「戦うことは相手を倒すことだ！　自分が死ぬことじゃない！」と諭しています。

しかし、皮肉なことに彼に与えられた役割は、特攻隊として出撃することになった若者たちへの出撃命令の伝令でした。命令を伝える際、彼らを番号だけで呼ぶ兄に、弟は「人間扱いしていないじゃないか！」と抗議します。が、そこには、こんな心情がありました。

「一人一人の名前を呼んでみろよ。返事を聞いてみろよ。それだけで胸がいっぱいになって、命令なんてできやしねえ！」

堂本を演じるのは山本麟一。鶴田、高倉健、若山富三郎、藤純子、梅宮辰夫、菅原文太といった東映オールスターが居並ぶ本作ですが、最も強い印象を与えたのは、普段は憎らしい悪役が多い山本麟一でした。

その厳《いか》つい面相が、叩き上げの歴戦のパイロットとしての役柄にピッタリで、その言動に説得力を与えていました。戦争を知っているからこそ、特攻をおいそれと認めたくない。そんな心情が武骨な芝居を通して伝わってきました。

劇中では、一九四五年八月十五日朝の特攻がクライマックスになります。前線の兵たちは、政府が無条件降伏に向けて最終段階に入っていることも知らず、敵艦に突撃していきます。玉音放送を聴いた整備兵（若山）が吠えます。

「最後の土壇場まで特攻をさせやがって！　人の命をなんだと思ってやがるんだ！」

特攻隊の生き残りであり、自身も出撃した直居欽哉がこのセリフを書いたという事実は、とても重いです。

8　終わりなき戦争

『拝啓天皇陛下様』『続・拝啓天皇陛下様』

松竹は喜劇役者の渥美清が主演した戦争映画を三本、作っています。

その一本目が、一九六三年の『拝啓天皇陛下様』（野村芳太郎監督）です。

渥美扮する主人公の山田正助は、初年兵として兵営にやってきて、他の戦争映画と同じく上等兵から激しいいじめを受けます。が、他と違うのは、彼が全くそのことを意に介さないことです。むしろ、幸せそうに過ごしています。

三歳で孤児になり、学校にも行けず、ひたすら飢えるような日々を送ってきた正助にとって、三度の食事と寝床のある軍隊生活は「天国」だというのです。しかも、ムネさん

（長門裕之）という気のいい戦友もできたし、面倒見のいい中隊長（加藤嘉）からは文字を教わる機会を与えられる。正助にとって、生まれて初めての心地良い居場所でした。

そのため、南京が陥落して戦争が終わるかも——という流れになると、「拝啓天皇陛下様」という書き出しで、「戦争をやめないでください」と直訴状を書いたりもします。それだけに、戦争が終わると居場所がなくなり、貧しい身なりのまま各地を転々とすることに。皮肉が随所に効いた風刺反戦映画といえます。

渥美清の芝居と長門裕之との丁々発止のかけあいが、楽しそうだけれどもどこか哀しくて寂しい、そんな喜劇のペーソスを映し出していました。

そして、翌六四年には『続・拝啓天皇陛下様』（野村芳太郎監督）が作られます。「続」とはいうものの、前作の続きではありません。渥美の演じる役名も設定も異なります。「軍隊以外に居場所のなかった無教養な男」というのは同じなのですが、前作ではセリフのみの説明で終わった軍隊に入る前の貧しい暮らしと酷い差別や、戦後の悲惨な生活が克明に描かれています。軍隊でも前作のムネさんのような相方はおらず、その代わりが軍用犬。しかもその犬も戦争が終結すると戦地に置き去りにせざるをえない——とまるで救いがありません。

『あゝ声なき友』

渥美清＝寅さん＝他の作品も喜劇的に違いない——と簡単に結びつけてしまいかねないのですが、『続・拝啓天皇陛下様』を観ると、戦争映画においては必ずしもそうではないことを思い知らされます。そして、戦争と向き合う際の渥美清のシリアスさをさらに痛感できるのが、一九七二年の『あゝ声なき友』（今井正監督）です。

これは、渥美清自身が企画した作品でした。

第二次大戦末期、主人公の西山民次（渥美）は病気のため除隊することになります。生還が絶望的な最前線に送られる戦友たちは、家族への遺書を民次に託しました。そして部隊は全滅。戦後、民次は貧しさの中を必死に生き抜きながら、戦友の遺族たちを探して遺書を渡すことに執念を燃やします。

渥美清は敗戦時は十七歳。学徒動員として軍需工場で働いていました。

公開時の朝日新聞の取材に、渥美は次のようなエピソードを語っています。戦後まもなく、友達の家を訪ねた際のことです。奥の間で友達の母と姉がいて、友達の兄の戦友と話していたのを渥美は目撃。戦友は、戦死したその兄の最期を語ったといいます。

「原作を読んだとき、ピンと来た。西山は、あの時のあの人だな、って」(朝日新聞、一九七二年四月二十六日付夕刊)

本作が凄まじいのは、そんな民次の行為が決して美談として描かれていないことです。今井正監督は、『ひめゆりの塔』の時と同じく、乾いたタッチで残酷な事実を次々と突き付けているのです。

民次は遺書の配達に人生を捧げます。だが、そうまでして遺書を届けても、待ち受けるのは、遺族たちの凄絶な境遇。ある戦友の妻は空襲の際に犯され、精神を病んでいました。ある戦友の弟は、疎開先でいじめに遭い、親戚家族を皆殺しにして死刑になっていました。

そして渥美が最もやりたかったのは、この死刑になる少年のエピソードでした。

「私がこの映画でいちばんやりたいのは、ほんとうは西山民次よりも市原礼という少年の役でね。兄が戦死したあと、よその家にあずけられて虐待されて、その一家の人たちを殺して死刑になる。弁護士が控訴しろといってすすめると、生きろというなら兄を返して下さい、と言う。それがやりたかったんだけど、私じゃあやれませんからね」(「キネマ旬報」一九七二年五月上旬号)

渥美は慕っていた兄を早くに亡くしていたことから、この少年の気持ちが「分かる」のだといいます。彼もまた、自分自身を、そして死んでいった者の想いを、戦争映画に仮託していたのです。

遺書の存在が、懸命に生きてきた遺族を不幸に落とすこともあります。「この遺書は重荷だったわ」「遺書なんて持ってきたお前こそ、加害者じゃないか」――そうした言葉を、ただ黙って受け止めるしかない民次。

それでも、民次は遺族を必死に探そうとします。かつての商売仲間（財津一郎）から、諦めて一緒に店をやるようにことあるごとに誘われます。が、民次は頑なに断ります。「どうしても届けなきゃならない。みんな、俺が届けていると思っているに違いない。あの世でなあ――」

生きていることへの罪悪感

民次は、なぜ遺書の配達を続けるのでしょうか。それは、彼が亡き戦友たちから託されたから。そのために、復興後の繁栄にも一人、背を向け続けます。

その姿は、一人だけ生き残ったことへの罪の意識から、贖罪《しょくざい》をしているように映ります。あるいは、一人だけ生き残った自身を罰しているかのように。

実際には彼に「罪」は何もないはずです。生き残ったことは、本来なら喜ばしいことです。ただ、そう思えない人間もいる。民次の「戦争」はまだ終わっていないのです。

多くの戦友たちが死んでいったのに、自分だけ幸せに日常を暮らしていいのか。共に死ぬべきではなかったのか――。この、生き残ったことへの後ろめたさのような感覚は、軍隊を経験した映画製作者たちの多くが言葉にしています。

たとえば、脚本家の井手雅人は、陸軍教導学校の卒業式で教育総監賞を自分を含めて四名が授与されたことに触れた上で、こう述べています。

「あの時、総監賞を貰った連中は、僕以外の奴はみんな立派に戦死しているンだッ。それだのに僕は、のめのめと……」(『井手雅人　人とシナリオ』より)

「国のために死ぬ」ことを「当然のこと」「栄誉」として教え込まれ、それを果たすために軍隊に入り、そして自分だけが果たせなかった。戦死は「立派」であり、生き残ることは、「のめのめと……」ということになってしまうのです。

この生き残ったことへの悔恨の念から、井手は『地の塩』という小説を執筆しています。満州とソ連の国境を舞台に、ある陰謀を隠蔽するために上層部が、自軍の中隊と現地の村人を皆殺しにする様が描かれ、それを止めることができず生き残ってしまった中隊長は戦後になっても打ちひしがれ続けます。これは後に井手の盟友である黒澤明と菊島隆三が脚本にしており、一九五五年に『消えた中隊』（三村明監督）として映画化されました。

『南の島に雪が降る』で描かれたように、戦地にて芝居を上演して兵たちの心を慰めていた加東大介は、戦時中にニューギニア戦線から内地に帰還できる機会がありました。が、それを断っています。「これだけの観客を捨てて……役者が舞台から逃げ出せるか」という想いがあったと、姉の沢村貞子は『南の島に雪が降る』文庫版の「後記」に記しています。自分だけ帰還することは、「捨てて」「逃げ出す」。ここにもやはり、強い後ろめたさがうかがえます。

松林宗恵は、自身が生き残っていることへの想いを、次のように述べています。

「考えてみますと、私がもし硫黄島に行っておったなら、私の今の命はない。比島（フィリピン）に行っておったなら、戦艦大和に乗っておったなら、零戦に乗っておったなら、私の命はない。しかし私と一緒に大学を卒業した友は、硫黄島に行き、比島に行って、戦艦大和に乗って、たくさん死んでいるのであります。私だけが生き残って帰ってきました。戦後三十有余年、振り返ってみて、ただの一時もこのことを忘れることはできないのであります。

死んでいて当たり前と思われる時が幾度もあったにもかかわらず、それが生きて帰った。私が生きて帰った。不思議であります。その代わり誰かがどこかで死んでいる。誰かが死ななければ私はとても生きて帰ってこれなかったはずであります。私が今日ここに生きていられるのは、その反面で何人もの人が死んでいるということです」（松林宗恵『私と映画・海軍・仏さま』）

誰かが自分の代わりに死んでいる。自分は誰かの代わりに生きている。そのために、生きていること、それ自体がまるで「罪」であるかのような意識になってしまうわけです。

そして、彼らは問いかけます。死んでいった人々のために何かできることはないのか――と。その結果として、戦争映画に想いを込めていったのです。それは戦友たちへの鎮魂であると同時に、自らの贖罪でもありました。戦後もなお、その重い十字架を背負い続けていたのです。

考えてみると日本の戦争映画には、自分（たち）は生きのびることができるかもしれないのに、あえて仲間たちと死地へおもむく――という展開の作品は少なくありません。たとえば松林の『太平洋の翼』の紫電改部隊は、沖縄に向かって特攻する大和の「見送り」に飛び立ちます。そして、引き返すよう必死に伝える千田参謀（三船敏郎）の声を聞かず、大和とともに突撃してしまいます。

「死者のために生きる人生、死んだ人を背中に背負うて生きる人生、人間の生き方の中でこれほど大切な人生はないのではないか、と私は思うのです」（『映画監督松林宗恵　まことしやかにさりげなく』）

その選択は、現代人の目から見ると、愚かなものに映るかもしれません。思考停止、同調圧力、無謀、犬死――今ならそういった言葉で切り捨てられる行為です。

自分だけ生き残るという選択肢をどうしても採れない人たちがいた。自分だけ生き残ったことに、どうしても罪悪感を抱いてしまう人たちがいた。そういう人々の想いを、私を含めた戦争を知らない人間がいくら客観的に断じても、それは不毛というものです。『あゝ声なき友』の民次がそうであったように、死者に捧げる人生という生き方もあるのです。「もはや『戦後』ではない」と言われて既に十余年、しかし一方では「まだ戦争は終わっていない」という人々のドラマも日本映画は作っていました。そう簡単に消える疵《きず》ではない、と。

『軍旗はためく下に』

戦後になっても終わらない戦争――というのは、戦地に行った者だけの話ではありません。残された遺族にとっても、深い疵《きず》を残します。

一九七二年の『軍旗はためく下に』（深作欣二監督）では、ある遺族にとっての「終わらない戦争」が描かれています。

ニューギニア戦線で敵前逃亡の罪により銃殺された夫・勝男（丹波哲郎）の死亡理由に、妻のサキエ（左幸子）は納得がいきません。その死亡理由では、戦没者追悼式に参加することができないからです。そのため戦後二十年以上、役所に出向いては再調査を求めます。

そして、何度も門前払いになりながら、ようやく四人の目撃者に辿り着きます。しかし、その四人はいずれも、全く異なる勝男の死に方を語るのです。

頼りになる分隊長として総攻撃に参加しての勇敢な戦死。食糧難の中、部隊から芋を盗み出して射殺。戦友の屍肉《しにく》を食った上に部隊に提供した罪での処刑。そして、隊員たちと謀って横暴な上官を殺害した罪での銃殺――。芋を口にくわえての情けない死に顔、人肉を「野ブタ」として勧める生気のない怪しげな風貌、狂気の上官を前にしての追いつめられた切迫感。この全く異なる勝男の姿のいずれもが戦場の地獄を映し出します。

ただ、深作が興味を抱いたのはそれ以上に、妻のサキエ、そして勝男について証言する「戦友」たちの姿でした。深作は敗戦時には十五歳。学校で軍事教練を受けながら、実家の農作業を手伝っていました。そのため深作の視線は戦争中以上に戦後に対して向けられることになります。本作では証言者のそれぞれが戦争を引きずりながら戦後を生きる姿が描かれています。

「戦後もずっと戦争の傷痕を引きずっている連中の体験記です」

「戦後の話なんです。これなら戦後史ができると思った。戦争の実態というのは知らないわけですけれど、これなら戦争を実体験してなくても描く資格があるだろうと思った」(『映画監督　深作欣二』)

中でも印象的なのが、寺田(三谷昇)です。彼は、都市として繁栄する東京を横目に、ごみ溜めのような場所で養豚をしながら暮らしている。戦時中に犯してしまった、ある大きな罪に対する慚愧《ざんき》の念が、自分自身を縛り続けているのです。それは、呪いとすら映っていました。

第三章　大作と情話

1　ジャーナリスティックに戦争を捉える

『日本のいちばん長い日』

一九六〇年代後半になりますと、高度経済成長により日本は世界有数の経済大国になります。その一方で、一九六〇年の安保闘争が終り七〇年の安保闘争へ向かっていく中での学生運動の激化、さらにアメリカが介入するベトナム戦争への反戦の動きなどもあり、大衆的な広がりは欠きながらも文化・芸術・マスコミの世界を中心に、反体制・左翼的なアプローチで表現する……という風潮が大きくなっていきます。

そうした中で、映画界でも個人の情念だけではなく巨視的な視点から、ジャーナリスティックに戦争を捉えようという動きが出てきます。

その象徴ともいえるのが、東宝の「8・15シリーズ」でした。

東宝は、これまで『太平洋の嵐』『太平洋の翼』といった戦記大作を作ってきましたが、今度はここにジャーナリスティックな視点を入れて大作を作るようになります。

その第一弾となったのが、一九六七年の『日本のいちばん長い日』（岡本喜八監督）です。これは、八月十四日から十五日にかけ、日本はいかにしてポツダム宣言を受諾して無条件降伏をし、それを玉音放送として国民に伝えたか、その流れをドキュメントタッチで追った作品です。

この作品のポイントは、その巨視性にあります。メインになるのは、大きく分けると、前半はポツダム宣言受諾か否かを巡る鈴木貫太郎内閣の閣議における駆け引き、後半は降伏を認めずに玉音放送阻止と戦争続行を望む陸軍士官たちのクーデター未遂——ということになります。

それに加え、戦争が終わることを知らずに八月十四日の夜に飛び立っていく特攻隊のシーンを入れ、会議が長引いている間に若者たちが次々に死んでいくという描き方をする。

さらに、厚木基地にいる将校たちが車に乗り込んで鈴木首相邸を襲おうとする。こうした多方面の描写が同時進行で描かれていきます。

作品を観ている我々は、既に戦争の終結を知っているわけですが、それでも、次々と来る妨害の前に「戦争は本当に終わるのか――」とスリリングに見守ることになります。

この作品に関しては、第二部で詳しく述べていますので、そちらもご参照ください。

『連合艦隊司令長官　山本五十六』『日本海大海戦』『激動の昭和史　軍閥』

『日本のいちばん長い日』を八月に公開して大ヒットしたことで、東宝は「終戦の日」である八月十五日近辺に毎年、戦争大作を公開するようになり、「8・15シリーズ」と呼ばれるようになります。

続く一九六八年は、真珠湾～ミッドウェイ～ガダルカナルにおける連合艦隊の攻防を山本五十六の視点から描いた『連合艦隊司令長官　山本五十六』(丸山誠治監督)。六九年は東郷平八郎が率いる連合艦隊がロシアのバルチック艦隊を破った海戦を円谷の特撮によって壮大なスケールで描いた『日本海大海戦』(丸山誠治監督)。――といった具合に、再び戦記アクション路線に戻ります。

そこから『日本のいちばん長い日』のジャーナリスティック路線に改めて戻したのが、

七〇年の『激動の昭和史　軍閥』(堀川弘通監督）でした。

『日本のいちばん長い日』が「戦争がいかにして終わったか」を克明に追った作品なら、これは「太平洋戦争はいかにして始まり、なぜ泥沼に陥ったのか」を克明に追った作品です。そのため、日米開戦時に首相という立場にあった東条英機が主人公になります。これを小林桂樹が演じました。

対米開戦に積極的な陸軍を抑えるべく、天皇側近の木戸内大臣（中村伸郎）は近衛内閣の陸軍大臣の任にあり対米戦賛成派である東条を、あえて総理に推挙します。天皇への忠誠心を買われ、対米講和を望む意を受けて戦争回避に動いてくれると期待されての人事でした。そして、東条なら陸軍も文句は言えない。その期待に応え、東条は和平交渉を進めようとするものの、最終的には参謀本部や軍令部に押し切られる形で開戦に。

ところが真珠湾攻撃の成功とその後の局地戦の勝利に気をよくすると、早期講和という当初の方針を撤回して戦線を拡大していってしまいます。従順だった人間が、勝利を重ねるうちに傲慢になり、我を忘れていく。それが日本を悲惨な状況へ引きずり込む。そういった描き方になっています。

そして、ミッドウェイの敗北をきっかけに、言論を徹底して統制するようになります。

そんな東条に対抗する形で、硬骨漢の新聞記者（加山雄三）が出てきます。彼は海軍からの情報提供で日本の危機的情報を伝え、世論を揺るがします。が、それも権力の前に敗れる。

ただ、本作は東条に一方的に責任を押し付けるのではなく、そうした新聞記者たちもまた「悪」であると、その偽善性をも描き出しています。

劇中、記者たちは軍部でも無謀だという意見のあった対米開戦に全く疑問を持たず、むしろ進んで世間を煽《あお》りたてていきます。序盤に連勝を重ねたことで東条を英雄と囃《はや》し、ミッドウェイの敗北でも大本営発表のまま「勝利」と垂れ流す。そして、のっぴきならない戦況が明らかになったところで、ようやく「正義」の筆をとる。

その間に、前線では民間人を含めた死屍累々《ししるいるい》が築かれています。その象徴としてサイパン島での玉砕が描かれますが、その無残な様からは、戦線の拡大を止めようとしなかった記者たちの「罪」が伝わってきます。

加えて、前線に送られた記者に対し、特攻隊員（黒沢年雄）が食ってかかるシーンが終盤にあります。「新聞記者！　開戦の時には貴様ら何と言っていた！」「日本中を好戦的にした、戦争好きにしたのは、貴様らだぞ」「負けてくるとみんな東条のせいにしやがる。

貴様らに責任はないのか！」そして、最後に消え入りそうな声で涙ながらに絞り出します。「みんな、死刑だ……」と――。記者は呆然と立ち尽くすのみ。

最後は徹底抗戦を唱える東条の狂気のような演説のバックで、各戦地や原爆投下の写真が映し出されていきます。さまざまな視点から「戦争責任」を問いかける作品といえます。

『激動の昭和史　沖縄決戦』

翌一九七一年の「8・15シリーズ」は『激動の昭和史　沖縄決戦』（岡本喜八監督）です。翌年に沖縄返還を控え、その話題性もあっての企画でした。

『ひめゆりの塔』や、これまでの戦艦大和や特攻隊を扱った映画では、沖縄が最後の決戦の場でその戦闘は民間人も巻き込んで凄惨を極めた……という内容になっています。では、なぜ沖縄はそのような目にあわなければならなかったのか。ここでは、その様が沖縄戦に加わった全ての層の様子を追いながら描かれていきます。小林桂樹、丹波哲郎、仲代達矢が演じる沖縄守備軍司令部、高橋悦史の率いる最前線の部隊、酒井和歌子たちが演じる「ひめゆり部隊」、沖縄に援軍として現れる戦艦大和に空挺部隊、神山《こうやま》繁の演じる沖縄県知事、そして田中邦衛の演じる床屋といった庶民。

前半は、沖縄を最後の決戦の場としながら結果として切り捨ててしまう東京の軍上層部の無責任さと、なんとか沖縄防衛に努めようとする前線の司令部、そして巻き込まれてしまう島民たち、それぞれの人間模様が描かれます。

そして後半になり米軍が上陸すると、恐ろしい展開になります。日本軍は敗戦を重ね、撤退した先は民間人の避難先でもありました。ラスト二十分は、もはや戦闘としての体《てい》を成していない、米軍による無差別の虐殺が描かれていきます。岡本喜八の乾いたスピーディな演出が情感を排しているため、一切の「お涙頂戴」的なドラマチックな盛り上げはなく、その惨状がひたすら生々しく映し出されます。

岡本喜八がどのような想いで本作を撮ったかは第二部で述べます。脚本を書いた新藤兼人は、さまざまな階層から沖縄戦を描いた理由を、次のように語っています。

「空からみるとこの島はひと摑みである。この島が砲煙でみえなくなるほど、弾丸がうちこまれたかと思うと、戦争体験者としては慄然《りつぜん》とする。死にたくないものを、ムリヤリ戦争はひきずりこんで、ひともみに殺してしまう。

南部の島尻地区は、酸鼻を極めた激戦の跡である。いや激戦ではない。すでに抵抗力を失った日本軍にアメリカが、海上の艦隊から砲弾の雨をあびせ、また空から襲いかかって殺戮したものである」

「いま、その跡には、忠魂碑がめじろおしに立ちならんでいる。県別に競うがごとく、意匠をこらして展示されている。それは観光的でさえある。無念の涙をのんで死んだ無名戦士や島民たちの魂は、安らかに鎮っているかのごとくである。海に向って美的造型をこらした数々の碑は、美しい雰囲気に包まれて、訪れるものに和やかな気分を求めるかのごとくである。しかし、妻にもう一度逢いたい、わが子にいまひと目、と思いつつ、最後の最後まで生きながらえようとしつつ死んだ人間の、呪にも似た無念の想いは、永遠に、鎮りなどしないのだ。

私はそういう沖縄を書きたいと思った」(「シナリオ」一九七一年九月号)

新藤は敗戦時、三十三歳。海軍に召集され、本人は戦地には行っていませんが、共に過ごした多くが戦死しています。

『沖縄決戦』は沖縄島民の死についての描き方も痛烈です。

沖縄島民たちが避難している南部に日本軍も逃げてきたために、米軍によって島民も容赦なく殺されます。その一方で、島民を守るべきはずの軍人たちは全く役に立たず、一方的に解散。司令官たちは自決してしまう。そして、島は米軍に蹂躙《じゅうりん》され続けます。つまり沖縄側からすると、アメリカ軍だけではなく日本軍もまた、自分たちに悲劇をもたらす存在になっているわけです。

最終的に一人の少女が出てきて、彼女に沖縄の未来を託していくという描写で終わっていきます。ただ、その程度では救われた気にならない、痛切さがありました。

この作品は東宝が当初見込んでいた半分の配収しか上げられませんでした。また、当時の東宝は自社製作の映画がほとんど当たらず、経費削減のため製作部門を別会社として切り離すことになります。そのため、大掛かりな予算の戦争映画を作ることはできなくなりました。

翌七二年の『海軍特別年少兵』（今井正監督）は、少年兵たちの目を通して硫黄島の戦いの惨状が描かれた傑作ですが、予算は大幅に削られています。そして、これを最後に「8・15シリーズ」は終焉します。

『戦争と人間』

東宝の製作部門分離に代表されるように、一九七〇年代初頭の日本映画界は極端な観客動員減により危機的な状況にありました。大映に至っては、倒産してしまいます。

日活もまた、一九七二年に大幅なリストラを行い、低予算の成人映画「ロマンポルノ」の製作へと大きく舵をきります。その少し前に日活は、危機的状況からの起死回生を図って戦争大作を作っています。それが七〇年に始まる『戦争と人間』三部作（全て山本薩夫監督）。山本薩夫は『真空地帯』では戦時中に受けた自身の恨みつらみをぶつけていきましたが、この三部作は「8・15シリーズ」と同様、巨視的な視点から戦争を捉えた作品になっています。

満州事変からノモンハン事件までの満州を舞台にした三部・合計九時間に及ぶ超大作で、財閥・軍部・左翼勢力・一般大衆・植民地民、それぞれの視点を織り交ぜながら、戦争へとひた走る人間社会の動きが重層的に映し出されていきます。

共産党員である山本薩夫監督は、ドキュメント映画『ベトナム』（一九六九年）の撮影のためにベトナムの戦場を取材した際、米軍による虐殺の数々を知ります。その経験が、この映画に繋がっていったといいます。

「帝国主義の侵略というものは、いつも同じことをやるものなのだ、と。そう感じた私は、日本の侵略戦争の実態をどうしても映画にしておく必要があると考えた。悲惨な戦争をくり返さないためには、多くの国民がその実態をもう一度しっかりと把握しておかなければならない。そのためにも、日本の昭和の侵略史をここでどうしても映画にしておく必要がある――その決意を私はベトナムにいて固めていた。そのとき私の頭には、すでに五味川純平の『戦争と人間』が浮んでいた」（『私の映画人生』）

第一部「運命の序曲」は、満州事変前夜から始まります。この動乱を機に事業を拡大せんとする新興財閥の長・伍代由介（滝沢修）は軍と協力して事変への陰謀を進めていく。その先兵となるのは由介の弟・喬介（芦田伸介）。彼は有象無象の工作員を駆使して暗躍します。

財閥から見た戦争というのは珍しい視点です。そこには、共産主義者ならではの山本の想いがありました。

「私のねらいは、第五部で東京裁判を描き、同時に戦争犯罪人である死の商人を裁くことにあった。第一部で、死の商人となる新興ブルジョアジー、伍代家を中心にし、その描写にかなり幅をとったのは、そのためである」（『私の映画人生』）

ただ、山本は自らのイデオロギーを教条的に押し付けるような作劇はしませんでした。山本はこれより前も、そしてこの後も、大手映画会社の大作を数多く任されています。それは、彼があくまでエンターテインメントの中に自らの想いを巧みに滲みこませているからです。そのため、一般大衆からは、彼の作品は「面白い映画」として支持されていました。

そんな山本のスタンスがよく表れているのが、第二部「愛と悲しみの山河」です。実質的な主人公となるのは、伍代財閥の次男・俊介（北大路欣也）。俊介は戦争協力を続ける一族に反発して満州へ出奔。人妻・温子（佐久間良子）と恋に落ち、肉体関係になります。が、そのために温子の夫（西村晃）にゆすられてしまう。仕方なく俊介は満州での謀略の黒幕である、忌み嫌ってきた叔父・喬介に頭を下げ、協力する羽目に。温子はそんな俊介を気遣って、姿を消す——というメロドラマになっています。

他にも、すれ違い続ける長女・由紀子（浅丘ルリ子）と柘植大尉（高橋英樹）、想い慕う左翼活動家・耕平（山本圭）を戦地に送られる次女・順子（吉永小百合）――「男女の悲恋」という、いかにも大衆が好みそうな構えを用意して、山本薩夫は観客の心を捕まえます。そして、それを何層にも重ねることで、社会の矛盾、戦争の非人間性を誰にでも分かりやすく伝えているのです。第三部「完結篇」も同様です。順子と耕平のドラマに焦点が当てられ、二人の愛が国家権力と戦争によって引き裂かれていく。

最後はノモンハンの戦いで、日本軍がソ連に惨敗するという形で物語は終焉します。東西冷戦の真っただ中にもかかわらず、ソ連軍が撮影協力したという戦車戦は圧巻のスペクタクルになっています。

しかしながら、先に述べたように日活は製作部門を大幅に縮小してロマンポルノに路線変更することになったので、山本の意図していた第五部までは作られませんでした。

『あゝ決戦航空隊』

巨視的に戦争を捉える――という、この時期の潮流の中で、もう一本だけ触れておきたい作品があります。それが、一九七四年に東映の作った『あゝ決戦航空隊』（山下耕作監督）

です。

これまでの特攻隊映画は、特攻隊として飛び立つ若者やその周辺にいる人々——つまり前線の視点から描かれてきました。上層部は、あくまで特攻という作戦を説明するための背景という扱いでした。それが、ここでは大きく異なります。

主人公は大西滝治郎。「特攻の生みの親」と呼ばれる実在の軍人なのです。いかにして特攻という作戦が始まったのか。それが作戦立案の当事者の立場から描かれます。

そして、特攻作戦を開始し推進した大西を、特攻に並々ならぬ想いを抱いてきた男・鶴田浩二が演じるのですから、尋常で済むはずもありません。

特に、物語終盤の鶴田の芝居は凄まじいです。

戦況が悪化する中で「全国民特攻」を唱え徹底抗戦を主張する大西は軍部で疎まれるようになります。そして、降伏へ向けての交渉を進める米内海軍大臣（池部良）に、こう食ってかかるのです。


「負けるということはですよ、天皇陛下おん自ら戦場にお立ちになって、閣僚も幕僚も全員米軍に体当たりして初めて負けたと言えるのではないでしょうか」

「私はそうなることを信じて、特攻隊を飛ばしたんです。特攻の若者たちも、それを信じたから喜んで死んでくれたんです」

「こいつらに、誰が負けたと報告に行けますか！」


全てを言い終えて声も出さずに泣き崩れるまで、鶴田は決して荒ぶることも激することもなく、切々と訴えかけ続けます。だからこそ、理屈ではない情念の塊のようなその言葉からは、「非合理な戦争」を始めてしまった日本という国、日本人そのものに対する、役柄を飛び越えた感情が伝わってきます。そこには思想も主義も関係ない。やり場のない悔恨の想いだけが漂っていました。

そしてラスト、大西は自決を図るのですが、ここでの鶴田がまた強烈です。腹を切り、首を突き、血の海に倒れこむ。それでもなお息絶えることなく、のたうち回り、最後の力で心臓に刃を突き立てる——。

徹底して自らの身体を痛めつけるその姿は、鶴田が大西になり代わって、若者たちの死への責を自らの手で罰しているかのように映ります。

ませんでした。戦闘シーン、キャスティングに衣装、どうしても予算がかかってしまうためです。

2　情話としての戦争

『八甲田山』

一九七〇年代の中ごろ、日本映画は危機的な状況にあり、大掛かりな戦争映画は作られ

日本映画は一九五〇年代から長らく、二本立ての中〜小規模作品の短期興行と、興行の重要週間の大作映画という二段構えの体制をとっています。そのため、映画の量産が前提となり、それを支えるため各社とも製作部門を強化しました。が、六〇年代の半ばを過ぎてからは日本映画に観客が入らなくなり、各社ともに経営危機に陥り、製作部門を縮小することになります。

そして、七〇年代の半ばあたりから「中規模作品の量産」から「一本の映画に資金を集中させて大作を作り、長期興行を行う」という形に変わっていきます。そのため、一本の映画で大勢の観客を動員できるだけの仕掛けが必要になります。結果、七〇年代後半から

日本映画界は「オールスター超大作」の時代になっていきました。

そして一九七七年の『八甲田山』（森谷司郎監督）が記録的大ヒットを遂げたことは、戦争映画復活に向けての風穴となりました。

これは脚本家の橋本忍が自ら設立したプロダクションの製作した作品です。日露戦争を間近に控えた一九〇二年の一月、八甲田で雪中行軍を行った青森の連隊が二百十名のうち百九十九名もの犠牲者を出すという、凄惨な遭難事故が起きました。一方で同時期に入山した弘前の連隊は一名も犠牲者が出ませんでした。本作では、その事故が描かれます。

橋本忍は敗戦時は二十七歳。戦時中に徴兵されますが、すぐに結核を患い、除隊となっています。橋本の証言によれば、この後、橋本の所属していた鳥取の連隊はインパール作戦に参加しました。鳥取砂丘で鍛えられた彼らは健脚を誇っており、そのためにビルマからインドへと密林を歩き続ける同作戦に参加させられることになったと、橋本は筆者の取材で語っています。そして、連隊のほとんどが行軍中に飢えや疫病で死んだというのです。結核を患わなければ、橋本自身もその中にいました。

極寒の八甲田と灼熱のビルマ。そのロケーションは大きく違います。が、軍の無謀な作戦により、地獄の自然環境の中をひたすら歩かされ続け、多くの兵たちが命を落とした

——という状況は重なっています。橋本は、雪の八甲田で死にゆく兵たちを描きながら、自身の戦友たちへの無念や軍への怒りを仮託していたと語っています。

三年をかけて実際の雪の八甲田でロケーションした映像、雪の中で判断を誤り続ける部隊の人間ドラマ、自然の猛威を前に倒れていく人間たちの空しさ、それでも立ち向かう人間たちの強さ。そして高倉健、北大路欣也、三國連太郎、緒形拳、加山雄三などのオールスターキャスト。これらが揃い、時代の要望に応えた作品となりました。

この成功が大きかったのは、軍人が雪の中でひたすら死んでいく——という暗い内容であっても、やりようによっては大ヒットさせることができると映画会社に気づかせたことです。そして結果として、「オールスター超大作の戦争映画」製作への気運が映画界で高まることになります。

『動乱』

戦争映画の製作が敬遠されていた理由は、もう一つありました。それは、「男臭さ」です。舞台は戦場であり軍隊ですから、当然、主な登場人物は男性ばかりになります。女性の出る場面は内地の家族、あるいは戦場の慰安婦、それから『ひめゆりの塔』『赤い天使』

のような看護女学生や従軍看護婦しかなく、なかなかメインになりにくい。

一方で、量産をやめ超大作映画が中心になると、とにかく多くの観客に観にきてもらう必要があります。そうなると、幅広い客層にアピールできる企画がありがたがられます。日本映画が低迷していた時代でも、洋画には観客が入っていました。それは、女性客が多く観に来ていたからです。

「女性客を獲得せよ！」

これは、各映画会社の上層部が至上命令としていたことでした。そして、当時の女性客が喜ぶだろう——とされていた、甘いムードと恋愛要素、それから物語の中心に女性が据えられることが重要視されるようになります。

そして一九八〇年代に入ると、こうした期待に応えるような戦争映画が現れます。

それが八〇年に東映が公開した『動乱』（森谷司郎監督）です。陸軍の青年将校たちが当時の首相・蔵相・天皇側近たちを次々と襲撃し首相官邸を占拠した一九三六年のクーデター、通称「二・二六事件」を描いた作品です。

これまでも、「二・二六事件」は何度か映画化されています。

最初は一九五四年に新東宝が公開した『叛乱』（佐分利信監督）。これは、決起に至るまでの青年将校たちの理想や葛藤、それからクーデター失敗の際に降伏を飲むか否かの苦悩、そして逮捕から死刑までの心の揺れ動きを克明に追った群像劇になっています。

その十年後の六四年に作られた東映の『銃殺』(小林恒夫監督)は、鶴田浩二の演じる安藤大尉に焦点が当てられ、決起から銃殺による死刑に至るまでのドラマが描かれています。

した。六九年に同じく東映の作った『日本暗殺秘録』(中島貞夫監督)は、過去の暗殺事件を追いかけるオムニバス作品で、「二・二六事件」パートは短い時間ながらも鶴田浩二が磯部大尉を演じ、クーデター失敗による降伏シーンと刑務所の中で死刑を待つシーンとでその心情を切々と訴えてきます。

その後の一九八九年に松竹の作った『226』(五社英雄監督)も含め、「二・二六事件」を舞台にした作品が描いてきたのは「将校たちのドラマ」です。彼らはなぜ決起し、なぜ失敗し、どのような想いで死んでいったのか。

が、『動乱』はそうではありません。

企画の発端について、本作を企画した岡田裕介プロデューサーは後に次のように述べています。

「発想のベースとなったのは、澤地久枝先生の著書、『妻たちの二・二六事件』である。女性がたくさん登場する映画の企画を探していたわたしは、このノンフィクションを映画化しようと考えた」

「それまでの二・二六事件を扱った作品は、いずれも〝男のドラマ〟になっていたが、わたしはそこに恋愛という新しい要素を持ち込みたいと考えた」（『クロニクル東映』）

岡田裕介は当時東映の社長だった岡田茂の息子で、戦後生まれ（一九四九年）です。これまでの戦争映画の作り手には、日本軍やその行いに対する肯定派も否定派もそれぞれいました。が、彼らに共通していたことがあります。それは「戦争」なり「軍隊」なりをどう描くかを第一に考えてきたことです。が、本作はそうではありません。

岡田プロデューサー自身が「女性がたくさん登場する映画の企画」「恋愛という新しい要素」と明言しているように、戦争も軍人も主眼ではありませんでした。監督をした森谷司郎も、公開当時、次のように述べています。

「これは二・二六事件そのものを描いたのではなくて、あくまで男と女の話だ」（「キネ

マ旬報」一九八〇年一月下旬号）

その「恋愛」「男と女のドラマ」は高倉健と吉永小百合という二大スターによって演じられます。この映画は他の「二・二六」映画と異なり全ての登場人物が架空となりますが、高倉健は「宮城大尉」という事件の架空の首謀者、吉永小百合はその妻を演じています。このキャスティングも、「恋愛」映画として描くための計算だったと岡田は述べています。

「健さんと小百合さんが登場すれば、最初から誰もが『この2人は愛し合うんだな』と予想する。じつは、これが恋愛映画のいちばん肝心なところで、いわば基本中の基本である。なぜ好きになったのか、何に魅かれたのかを理屈で説明しようとする映画には、観客は感情移入できないのである。

その点、健さんと小百合さんであれば、説明はいらない。観客は無理なく映画に入っていくことができる。これは一にも二にも俳優さんの存在感によるのである」（『クロニクル東映』）

岡田は「高倉健に断られたら企画自体もやめようと思っていた」とも述べています。それも、「宮城大尉という人物には他に考えられないから」ではなく「恋愛映画」として成り立たせるため――という理由でした。

作品自体も、そこは徹底されています。時代背景の説明は一切なく、宮城大尉以外の青年将校はほぼ「その他大勢」の扱い。その分、高倉健と吉永小百合の「恋愛」模様が描かれています。

岡田が「健さんと小百合さんであれば、説明はいらない」と言う通り、美しい景色の中にたたずむ二人の様子が何度も映し出されていきます。雪の中、吉永小百合を抱きかかえる高倉健。紅葉の下を歩く高倉健と吉永小百合。水面がきらめく浜辺で抱き合う高倉健と吉永小百合。

クーデター失敗後も、宮城大尉は降伏か否かで葛藤することはありません。一方で、面会に来た妻とのシーンにはかなりの時間が割かれています。このシーンで吉永小百合は泣き崩れる芝居を存分に見せてきます。一方の高倉健はじっと立ち尽くす。この後の日本映画でさんざん見ることになる、「寡黙にたたずむ高倉健」「感情をほとばしらせる吉永小百合」が、たっぷりと描かれることになりました。

日本映画で二人が演じていくことになる「古き良き日本の善男善女」のイメージは、この作品で確立されます。それは、あくまで「恋愛映画」を成り立たせるためのフィクションだったわけです。

『動乱』は一九八〇年代以降の日本の戦争映画の、一つのフォーマットを作ります。それは、「情感あふれる美しい映像」「男女の恋愛」、それに加えてエンディングです。『動乱』のラスト、映し出されるのは浜辺にたたずむ吉永小百合です。そして、そこに小椋佳の歌う主題歌が流れてくる。哀しく切ないバラードです。この、「浜辺にたたずむ遺族」と「流行歌手の歌い上げる悲しいバラード」で泣かせる——というエンディングは、一つの定番になっていきます。特に「流行歌手の歌い上げる悲しいバラード」は、戦争映画を「感動の大作」として飾り立てる上で現在に至るまで重要な役割を担うようになりました。

かつては作り手も観客も戦争の記憶を生々しく刻み付けていましたが、この時期になると、ともに戦争を知らない世代が多くなります。そのため、こうした飾りを加えなければ、共感や感動を生めない——と考えられるようになっていたのです。

『二百三高地』

『八甲田山』と『動乱』の相次ぐ大ヒットにより、「オールスター超大作戦争映画」が次々と作られていきます。『動乱』に続いて東映が製作したのは、一九八〇年の『二百三高地』（舛田利雄監督）。日露戦争で壮絶な戦闘が展開された、旅順要塞の攻防戦が大スケールで描かれた作品です。二百三高地とは、旅順の要塞の中でも特に激戦が繰り広げられた場所を指します。

脚本を書いた笠原和夫は「シナリオ」（一九八四年九月号）にて「戦争映画は営業以外の何物でもない」としており、大ヒットさせるための要素がさまざまに盛り込まれた作品でした。まず題名にも、それはうかがえます。舛田利雄は、次のように述べています。

「もちろん興行的なことも考えてです。橋本忍さんの『八甲田山』（七七年東宝）は、この前でしょう。だから『八甲田山』のような題をつけて、お客さんが入っているんだし、『旅順の戦い』の映画化なんだから、ここはズバッと『二百三高地』で行こうとね」
（『映画監督　舛田利雄』）

そして、基本的な作りは「観客を泣かせる」という方向へ持っていきたい。そのため、戦争によって引き裂かれる若者たちの恋愛、劇的に死んでいく兵たち、ラストで流れる主題歌「防人《さきもり》の詩《うた》」（さだまさし）――と、泣かせる要素を盛り込んでいます。

象徴的なのは、ラストシーンです。

戦争が終わり、乃木希典《まれすけ》大将（仲代達矢）は明治天皇（三船敏郎）の前で戦況を報告します。ここで天皇が乃木を慰労し、針の筵《むしろ》だった乃木が報われる――という泣かせる場面になっています。この場面、実は東映社長の岡田茂の指示で書き直されているのです。笠原はこのように述べています。

「実際は天皇一人だけが聞くんです。それで途中で、乃木さんが言葉をつまらせるんだけど、その時、山県有朋がそばにいて、冷たい目でジロっと見てね。明治天皇も冷たい顔をして聞いていたというのが事実なんです。それで、乃木は気をとり直して最後まで報告を読むわけだけど、そのとおりに僕は書いたんだよ。そうしたら、岡田さんはそれが困るんだと。それはまあ、真実には違いないんだけど、それだとお客は泣かないというんだよ（笑）。だから、そこは世間でよく言われているとおり、明治天皇と皇后がちゃんとお並びになって、その周りには側近がいらして、反対側には将官がズラッと並んで、そこで乃木はヨヨと泣き崩れると。そうすると天皇陛下が席をお立ちになって、『乃木よ、泣くな』と乃木の肩に手をお当てになられたと――そういうふうにしないと、『お前、客は来んぞ』と（笑）。何億も製作費をかけてるのに回収できないと言うんだよ」（『昭和の劇』）

戦争を通じて客を泣かせる。こうした作りを、笠原は「戦争情話」と呼んでいます。観客を入れるためには必要なことでした。笠原はこうも言っています。

「日本人が戦争映画を見るとき、どういう視点で見るかというと〝戦争情話〟なんだね。何故かというと、日本人というのは単一民族で、皆んなで涙流したり喜んだりというのが好きなんだな。欧米人というのは、個人と個人が対立し、闘ったりするという関係。だから戦争映画作ってもシビアなんだ」

「お客は、戦争情話を見にくるということからも、俺は抵抗できないんだよな。多額の

金を投入して回収しなければいけないんだから」（「シナリオ」一九八四年九月号）

このように、『二百三高地』は徹底して営業・興行を考えて作られた作品ではあります。会社の方針のままに作っていたら、おそらくは『動乱』と同じような甘いムードだけのスター映画になっていたかもしれません。

ただ、『二百三高地』はそうではない。笠原和夫は敗戦時、十八歳。大竹海兵団に所属していました。舛田利雄は十七歳。学生時代に軍事教練に反抗して退学処分を受けています。二人とも、会社の言いなりに「情話」として戦争を描くだけではありませんでした。

たとえば、恋愛要素。ここでは徴兵されて前線に送られる小学校教師・小賀（あおい輝彦）と、彼とロシア語講座で出会った佐知（夏目雅子）との恋愛が描かれます。この描き方に、観客を喜ばせるためのただの甘いデコレーションではなく、強い反戦メッセージが込められています。

文学を愛する小賀は日本だけでなくロシアにも強く想いを寄せていました。そして、兵として出征する前の最後の授業で黒板に「美しい国 日本　美しい国 ロシア」と書き込み、「世界中のどの国にだって、悪い国というのはないいんだ」と生徒たちに伝えます。ところが、旅順要塞の戦闘を通じて仲間たちが無残に殺されていくのを経験し、「ロシア人は、すべて、自分の敵であります！」と言い切るほどに、ロシアに対して憎悪を募らせる。

そして、小賀は戦死。小賀に代わって担任を受け持つようになった佐知は、消えかかった黒板の「美しい国 日本　美しい国 ロシア」を涙を堪えて書き直します。憎悪に囚われた男と、それを超克しようという女。一つの恋愛を通じて描き出すその対比が、戦争の残酷さを表現しています。

また、この小賀の戦地での描写も凄まじい。憎悪の中で、彼は捕虜のロシア兵を射殺しようとします。そのことに対して上官は「いかなる理由があろうとも敗残の敵兵に略奪暴行をしてはならぬ」という乃木の命令を伝えて小賀を叱責します。が、小賀はこれに食ってかかります。

「自分は悔いることは毛頭ありません……最前線の兵には、体面も規約もありません。あるものは、生きるか死ぬか、それだけです……（次第に激昂して）兵たちは……死んでゆく兵たちには、国家も軍司令官も命令も軍紀も、そんなものは一切無縁です。灼熱地獄の底で鬼となって焼かれていく苦痛があるだけです……その苦痛を……部下たちの

苦痛を……乃木式の軍人精神で救えますか！」（「シナリオ」一九八〇年十月号）

理想論やヒューマニズムなど成り立たない中で苦しみながら戦い続ける、前線の兵の悲痛な叫びがそこにはありました。そして、最後の二百三高地への突撃で、小賀は戦死します。ここでも、敵兵と憎悪をむき出しにした殴り合いを繰り広げた上に、ロシア兵は小賀の喉にかみつき、小賀は指を敵兵の眼球に突っ込む――という凄絶な死闘として描いています。

この場面について、舛田は次のように述べています。

「最後の最後、あおいがロシア兵と刺し違えるシーンは、アクションというより狂気そのものだね。最後は一対一の戦争になる。突き詰めて行くとそういうことになる。もちろん、あおいは戦争の犠牲者ではあるけど、同時にロシア兵からみれば、加害者なんだよね。笠原和夫の脚本のデッサン力は、そういうところに出る」

「戦場の狂気のなかで、登場人物のアイデンティティすら壊れていくわけでしょう」

「武器がなくなったら、相手の頸動脈を嚙み切って、それで止めを刺そうとするわけだから、ここで戦場での極限の人間の行動を描こうというのはありました」(『映画監督舛田利雄』)

ただの「情話」だけでは収まらない戦争映画でした。

『大日本帝国』

『二百三高地』の大ヒットを受けて、東映は舛田利雄―笠原和夫のコンビでの「オールスター超大作戦争映画」を続けます。それが一九八二年の『大日本帝国』。今度は、太平洋戦争が舞台です。

『昭和の劇』によれば、岡田茂社長の当初の案は「This is the War」つまり「これぞ戦争だ」ということでした。そして、太平洋戦争を舞台に「勝ったところだけ選んでつなげればいいんだ」と指示を出しています。東条英機(丹波哲郎)を軸に日本の勝利が華々しく描かれる――はずでした。

タイトルが『大日本帝国』で「主役が東条」と聞くと、観ていない方はさぞや復古調の好戦的な映画だと思われるかもしれません。しかし、実は全く異なります。笠原脚本は、岡田の指示を全く無視しているのです。それでも許された――というのは当時の東映の大らかさといえます。

舛田は、こう言っています。

「『大日本帝国』という題名だけで、批判されるのは目に見えているでしょう。だから余計、内容的には、その時代を知っているものとして、伝えなければいけないことを、ちゃんと伝えようと作りました」(『映画監督　舛田利雄』)

では「伝えなければいけないこと」とは、どのようなことだったのでしょう。

岡田社長の指示では、「勝ったところだけ」という話でしたが、勝ち戦といえるのは実際には序盤のシンガポール陥落のみ。しかも、これもかなり凄惨な戦闘として描かれています。そして残りは、三万人の戦死者に一万人の民間人の死者を出したサイパン島の陥落、最後は敗戦前後のフィリピン、と、「勝ったところだけ」どころか、太平洋戦争の中でも有数の悲惨な戦場が選ばれました。

サイパンでの民間人も含めた当て所《あど》のない逃亡、武器もなくただ敵前に飛び出して機関銃の餌食になる無数の兵たち。フィリピンでの飢餓に苦しみながらの行軍。とにかく容赦ない、地獄の戦場の光景がひたすら映し出されていきます。

そして、この映画は、これまでの戦争映画がぼやかして描いてきた様々な要素を、かなり直接的に描いています。それは、左右の思想信条に偏らない――というよりも、それぞれに双方のサイドから叩かれる描写でした。

その第一は、「加害者・侵略者としての日本軍」。これまでの日本の戦争映画は、日本人からの視点のみで描かれてきました。そのため、被害者は庶民であり前線の兵たち。加害者は上官や上層部という構図でした。では、実際に戦場となった地域の現地人にとってはどうだったのか。ここはあまり描かれてきませんでした。そのことは戦争映画が作られるたびに、左派からの批判を受けています。

『大日本帝国』では、そこを突き付けているのです。

序盤のシンガポール戦、現地の華僑《かきょう》たちが植民地支配しているイギリス側で戦うことに現地の日本兵たちは戸惑います。

「この連中は志願兵だろう。こんな若い娘までが……よっぽど日本軍に敵意を持っとらんと、こんな戦い方はできん……」

「わしら、アングロサクソンから解放してやる為に戦っちょるのに、なしてですかのう！」

そして、自身がサイパンを死守するために必死に戦う中で、小田島（三浦友和）は気づきます。なぜ、あの時に華僑たちは自分たちに抵抗してきたのか――。

「あいつがどうしてあれほど勇敢だったか、分かってきた。俺たちはアジアを白人から解放するつもりで戦って来たが、あの連中からしたら……どんな大義名分があっても、自分たちが住む土地を侵す者は許すべからざる敵だったんだ」

終盤には、フィリピンでの逃亡中に口封じのため、日本兵が現地人を虐殺する場面も描かれます。

では、『大日本帝国』が太平洋戦争を「悪逆な帝国＝日本の侵略戦争」とだけ捉えて描いているかというと、そうではありません。ここで、これまでの戦争映画がぼやかしてきた第二の要素が出てきます。それは、アメリカの残酷さ。

たとえば開戦に関しては、アメリカのルーズベルト大統領とハル国務長官が「危険な存在になった日本を潰すため、先に攻撃させることで侵略者として世界に知らしめる」ように追いつめる策略を巡らせる場面が出てきます。

さらにサイパンでは、隠れていた洞窟を出て米軍に投降するために浜辺に来た小田島が、砂浜でボールを投げ合ってはしゃぐ男女の米兵を目撃します。投降しようと近づくと、彼らが投げ合っていたのがボールでないことに気づきます。それは、死んだ日本兵の頭蓋骨でした。さらに終盤には、戦犯裁判の行われているフィリピンの監獄で、米兵の看守たちは食事を床に散らかして、日本兵を這いつくばらせて犬のように食べさせ、あざ笑う。

これまでも、『ひめゆりの塔』『沖縄決戦』のようにアメリカ軍による民間人を含めた無差別虐殺を描くことはありました。が、ここまでの憎悪を込めて直接的に描くことはありませんでした。その想いを、笠原は次のように述べています。

「実際ね、サイパンというのは、あの玉砕のあと、かなりの女と子供が飛び降り自殺をしてるでしょ？」

「どうしてあんなに飛び降りたかというと、ヴェトナムのソンミ事件みたいなことが、ずいぶんあったんだと。部落を囲んじゃって、適齢期の女だけをひっぱり出して、老人と子供たちだけを残して集めて、銃撃を加えて火をつけちゃうんですよ。そういうケースがあったんです。それを女たちは見ているから飛び降りてしまったんですよね。じゃなかったら、あんなことしませんよ。要するに、アメリカ軍が自分たちで宣伝していたみたいに人道的な軍隊だとしたならば、あれはなかった」

「サイパンではまだ勝つか負けるかの時ですから、彼らも目の色を変えている——殺人鬼なんですよ」（『昭和の劇』）

どちらか片方が正しいのではない。戦争は、そこで戦う全ての人間が狂気である。そうしたスタンスもまた、軍隊を経験した人間だからこそ、といえます。

それは、舛田の想いでもありました。

「自分自身のアイデンティティが崩壊してしまうところまで、皆追い込まれて行くんですから。それがテーマです」（『映画監督　舛田利雄』）

そして物語の最後に重要な場面が出てきます。江上（篠田三郎）はフィリピンでの現地人虐殺の罪に問われ、戦犯裁判にかけられます。彼は虐殺には直接的に関わってはいませんでしたし、むしろ止めようとしました。しかし江上は罪を認め、死刑に処せられます。死の直前、彼はこう言います。

「天皇陛下、お先に参ります」

重要なのは「天皇陛下万歳」ではなく、「お先に参ります」と言う点です。この江上は、昭和天皇に似た状況にあったといえます。日米開戦を止めようとし、直接の命令をくだしたわけではないが、そこで行われたことの責任者の立場でもある。そこを踏まえての「お先に参ります」というセリフになってきます。

これまでの戦争映画がぼやかしてきた三つ目のポイント。それは「天皇の戦争責任」ということになります。従来の戦争映画においては、昭和天皇は日米開戦に反対し、最後まで交渉による妥結を図ったという描かれ方をしてきました。それは、その通りなのでしょう。ですが、その一方で、多くの兵たちが「天皇陛下のために」と戦い、死んでいきました。彼らの想いは、どうすればいいのか。この映画は、そこをえぐっています。

「ねえ、おかみさん。天皇陛下も戦争に行くのかしら」「天子さまは宮城だよ、ずっと」

「天子さまのお言葉で戦争さ済むんだったら、なすてもっと早目に終えられなかったすべか……」

「大元帥陛下が我々を見殺しにするはずがないでしょう。私らは天皇陛下の御楯になれと命じられて戦ってきたんです。そう命じた方が、我々を見捨ててアメリカと手を結ぶなどということは絶対ありません。日本政府はたとえポツダム宣言を受諾したとしても、天皇陛下は必ずおひとりになられても、必ず私らを助けに来て下さるはずです」

笠原も舛田も、戦前・戦中の教育を受けて育ち、「天皇陛下のために死ぬ」ことを叩きこまれてきました。それだけに、そう簡単に割り切れないものがあるわけです。舛田は、次のように述べています。

「僕らが育った大日本帝国では、僕らが生まれる前から、すべてが天皇の為で、どれだけ庶民が血を流していったか、ということへの責任はあると思います。もちろん、それは天皇を利用して大日本帝国を作り上げたシステムに対する批判でもあるんですけど。天皇陛下の名の下に、みんな戦争にかり出されて、死んだら白木の箱に入って靖国神社に祀られる」（『映画監督　舛田利雄』）

ただ、この天皇の扱いについて、天尾完次プロデューサーと笠原和夫は喧嘩になったといいます。

「天尾としては、天皇陛下のために戦って死んでいく純粋さというものをもっと書きこんでもらわないと、こういう映画はヒットしないということを言うんだね。でも、それはお前は戦争へ行っていないからそういうことを言えるんであって、俺は実際、戦争へ行ってね、二言目には『天皇陛下のために』とぶん殴られたんだから、『天皇陛下のために』なんて簡単に言えないって言ったんだよ」（『昭和の劇』）

『連合艦隊』

東映が『動乱』『二百三高地』と相次いでオールスター超大作の戦争映画を興行的に大成功させていく中で、戦争大作の元祖ともいえる東宝も約十年ぶりに「8・15シリーズ」の復活を期します。それが、一九八一年の『連合艦隊』（松林宗恵監督）です。

東宝上層部の狙いは、『軍閥』『沖縄決戦』のような暗いタッチの作品ではなく、東宝の特撮技術を駆使して太平洋戦争の華々しい航空・艦隊アクションを描く戦記映画でした。大掛かりな特撮映画を得意としてきた田中友幸プロデューサーの指揮下、久しぶりに東宝の技術スタッフが艦隊・航空戦の描写に腕によりをかけることになります。

特に今回の売りは戦艦大和の巨大セットです。「ミニチュアではなく艦を」という方針の下、実際に大和を建造した呉海軍工廠《こうしょう》の流れを汲む石川島播磨重工業に依頼、百七十日の時間をかけ、上部構造物は金属製で全長十三メートル、重量八・六トンの「戦艦」が完成します。予算はこれだけで九千万円を要しました。

特撮監督の中野昭慶《てるよし》は、「とにかくスケール感を表現してほしい」という松林の指示を受けて、まるで巨大怪獣のように悠然と岩陰から現れる大和の初登場シーンをはじめ、煽りのアングルで全容を画角の中に入れての主砲発射、そして最後の轟沈――と、圧巻の映像を作り出します。

キャスティングも、これまでの東宝戦記アクションの総決算のよう。小林桂樹、藤田進、鶴田浩二、三橋達也、丹波哲郎ら戦争映画を支えてきた名優たちが海軍将校の制服を着て居並ぶ様は壮観です。主題歌は谷村新司の歌う「群青」。哀しく歌い上げる壮大なバラードです。これが大和沈没のシーンにかかるのだから、観客は涙が止まらなくなる。「戦争情話」としての仕掛けも完璧といえます。

しかし、『二百三高地』の舛田―笠原コンビが会社の思惑を超えて戦時中を生きた者の情念をぶち込んだのと同様、『連合艦隊』もまた作家性の強い作品となっています。

監督は松林、脚本は須崎勝彌。一九五五年の『人間魚雷回天』以降、幾多の戦争映画の名作を作り上げてきた、筋金入りの海軍出身者です。生半可《なまはんか》な作品にはしていません。

軍隊に志願する弟（金田賢一）に対して「学問は死ぬためにあるのではない。お前は生き残れ」と諭す兄（永島敏行）。「艦隊は滅んでも魂は残すべきです！」「どうか大和に生き恥をかかせないでください！」と沖縄戦での大和の特攻を志願する士官を「全く意味のない、ただ体面を保つだけの出撃を許すほうがよほど恥ずかしいことだろう」と突っぱねる小沢司令長官（丹波哲郎）。沖縄に向かって出撃する大和と共に戦うために上空を飛ぶ戦闘機に「帰れ……帰ってくれ！」と甲板から叫ぶ乗組員（財津一郎）。

特攻の生き残り故《ゆえ》に特攻を否定し、何よりも生き残ることを尊ぶ――先に説明しました「須崎節」ともいえるセリフの数々が、物語を「華々しい戦記映画」「戦争情話」ではない、骨のある反戦映画たらしめています。

そして、監督の松林です。

東宝としては久しぶりの超大作戦争映画、松林としても久しぶりの大仕事です。必ず大ヒットさせなければならない企画ですが、松林自身はそのことは意識せず臨んだといいます。そこには、前に述べた「自分の代わりに死んでいった戦友」たちへの想いがありました。


「映画『連合艦隊』をつくってお金を儲けようとするのが、東宝株式会社の考えであります。ただそれに私が同乗便乗してよいものであろうかということです」

「『連合艦隊』という映画を作って、金儲けに私が便乗して、いい気持ちになっては申し訳ないということです」(『私と映画・海軍・仏さま』)

こうした想いを抱いていたため、実は、この依頼を受けた当初、松林は本作を監督することをためらったといいます。『連合艦隊』のブルーレイ・ディスクに収録されたオーディオ・コメンタリーで、松林は次のようなエピソードを紹介しています。

松林は、『連合艦隊』からさかのぼること二十年近く、戦争映画を撮っていませんでした。最後となったのは、一九六三年の『太平洋の翼』です。特撮を駆使した戦記アクションでしたが、これを撮りながら、思うところがあったというのです。

船が沈んでいく、飛行機が落ちていく。そこには人が乗っている。そうした人が殺し合うことを見せ物にしていいのか――。戦地でさまざまな死を目撃し、自身も危険な目にあい、そして僧籍も持つ松林は、悩み続けたといいます。それで、約二十年にわたり戦争映画を撮らなかったと。

依頼を受けた三日後の朝、松林は次のような幻をみたと述べています。

「私の寝ている枕許に、妄念妄想と申しましょうか、こちらから米内光政大将がフワーっと出てこられ、こちらからは山本五十六大将がフワーっと出てこられ、予科練の若い兵隊がフワーっと、亡くなった下士官、兵隊がつぎつぎと出てきて、『松林、お前を生きて還らせたのは、お前は第一線に出ても戦争では役には立たん。俄か作りの海軍士官じゃ、戦争では大した役に立たん。映画会社に籍があるのだから、将来映画監督になって、「連合艦隊」という映画をつくってくれ。我々がどういう気持ちで国を護るため戦争で戦ったかを、後の世の日本人に見せてやってくれ。そのために生きて還らせたのだぞ。だからこの映画はお前が監督しろ、お前がやるのだ』という声なき声、天の声が、私にきこえてきたような気がしたのであります」(『私と映画・海軍・仏さま』)

この作品を撮るために戦争から生きて還った——その想いで、松林は『連合艦隊』に臨みます。

松林には、どうしても描きたいものがありました。

まず一つは、亡くなった戦友たちへの鎮魂でした。松林監督は『連合艦隊』のブルーレイ・ディスクのオーディオ・コメンタリーで、次のように語っています。

「生きて帰った人間には任務があります。それは亡くなった人たちの言葉を代弁しなければならないということです。その責任感を感じていました」

その想いを込めて、松林は本作に「中鉢」という若い下士官を出しています。この人物は当初の須崎の脚本では別の名前でした。それを松林が変えたのです。実は、この中鉢というのは、戦時中に軍艦の甲板で米軍の機銃掃射を受けた際に自身の近くで腹を裂かれて死んでいた若き水兵の名前でした。あえてそれと同じ名前の人物を出すことで、彼の無念を少しでも供養したいと考えたのです。

そして、もう一つは新たな視点です。戦時中の自分自身と同じ年ごろの子供を持つようになったことで、子供を戦地に送る親の気持ちはどうだったのかを考えるようになったのです。兵たちだけでなく、彼らを送り、そして待つ父親たちの想いを掘り下げたい。それが、『連合艦隊』での松林監督の狙いでした。二人の息子を戦死させてしまった父親を森繁久彌が演じており、その哀しみの慟哭《どうこく》を切々と描いているのは、その象徴といえます。

ラストも、一組の父子が締めくくることになります。それは、大和に乗り込む父（財津）と、特攻隊として空の上から大和を見下ろす息子（中井貴一）です。この父子の年齢設定は、戦時中の松林と父親と重なっています。

大和は炎上を始め、そこに谷村新司の主題歌「群青」が流れます。ここで、艦内で若者を助けようと奮戦して命を落とした父の姿が映し出される。そして、歌の一番が終わり、羽田健太郎が弾く間奏のピアノソロが流れている間に、上空の息子の書いていた遺書が独白として読み上げられます。これは、「群青」を聴いて感銘を受けた松林が、この間奏に合わせて入れたいと思い立ち、須崎に書いてもらった遺書でした。

「お父さん、親よりもほんの少しだけ長く生きていることが、せめてもの親孝行です。さようなら、妹たちよ。姉さん、さようなら……」

読み終えたところで、歌の二番が流れ始めます。そして大和は沈み、息子の乗る戦闘機は空の彼方へ消えていく。「将来ある若者が二十歳前後で死ぬ。これほど哀しいことはない」松林はオーディオ・コメンタリーでそう語っています。そして、それならせめて少しだけでも親より長生きさせてやりたい、と。

『連合艦隊』が、松林にとっても須崎にとっても、最後の戦争映画となりました。この後、東宝は八四年に『零戦燃ゆ』を、東映は八三年に『日本海大海戦　海ゆかば』を、いずれも舛田利雄―笠原和夫のコンビで作っています。が、いずれも思ったような観客動員になりませんでした。そして再び、映画会社は大掛かりな戦争映画の製作を打ち切ります。

次に再開するのは、戦後五十年を迎える一九九五年です。五十年ということは、終戦時に二十歳の若者でも、七十歳になっています。
「軍隊経験者の作る戦争映画」は、この八〇年代の大作時代で終焉となったのです。

第四章　戦後世代の戦争映画

『戦場のメリークリスマス』

これまでの戦争映画は、娯楽映画にせよ反戦映画にせよ、その多くは軍隊経験者が作ってきた作品でした。若い頃から「お国を護るため」「天皇陛下のため」と教育され、「無敵の神国日本」の正義を信じて戦い、戦地で悲惨な目に遭う。そして完膚なきまでの敗戦を経験し、戦後は別の国に生まれ変わる。そうしたことを経験してきた人々です。

そのため、国家であり戦争でありに対して、恨みつらみ、愛憎の葛藤を抱きながら生きてきました。そして、自分自身や戦友や家族への想いを戦争映画にぶつけていく。その結果、たとえ喜劇であろうとアクションであろうと、どこか重苦しく暗い空気に覆われることになります。

しかし、戦後の民主主義国家に変貌してからの教育を受けてきた世代になると、そうではなくなります。もちろん、幼い頃に空襲を経験したり、家族を戦争で失ったりしている人もいます。が、一方では「戦争のない青春時代」も過ごせている。必然的に、戦争との距離感は変わります。軍隊経験者の世代に比べると、引いた視点で捉えることができる。その結果、戦争映画の描き方も変わってきます。個人の情念をぶつける場から、思想信条や理想など、抽象的な概念をぶつける場となっていったのです。

もちろん、これまでも作り手たちは自分なりの思想信条を戦争映画に盛り込んできています。しかし、それだけに留まらない、軍隊経験者だからこその情念がほとばしっていました。そうした色合いは戦争映画から消えていきます。

戦場において個人を個人たらしめてきたアイデンティティが崩壊し、狂気に駆られた兵たちが互いに憎悪をぶつけ合う。戦中派の作り手たちの情念によりタイトルのイメージとは異なり猛烈な戦争映画となった『大日本帝国』が公開された翌年の一九八三年、それと対極的な作品が公開されま

『戦場のメリークリスマス』
監督・脚本：大島 渚　脚本：ポール・マイヤースバーグ
原作：サー・ロレンス・ヴァン・デル・ポスト 「影の獄にて」
© 大島渚プロダクション　販売元：紀伊國屋書店　¥4800＋税

す。

それが『戦場のメリークリスマス』（大島渚監督）です。

大島渚は敗戦時に十三歳。戦後の学制改革後に新制高校を卒業、民主主義教育を受けた最初の世代といえます。一九六〇年前後に「松竹ヌーベルバーグ」と呼ばれる映画革新のムーブメントを牽引し、以降は独立プロ一筋で歩んできた、戦後世代の映画監督の代表的存在でした。

舞台となるのはインドネシアのジャワ島にある日本軍の捕虜収容所です。イギリス人捕虜にホモセクシュアル的な愛情を抱くようになる捕虜収容所の所長や、徐々に互いを理解し合うようになる日本人軍曹とイギリス人通訳。全く異なる精神性や文化風土を乗り越え、個人と個人が向き合っていく様子が描かれています。

日本人だけでなく、イギリス人側からの視点も交えて双方が理解しようとするドラマは軍隊経験者では難しく、戦後世代ならではといえます。

実際、大島渚は同時期に作られた戦中派の戦争映画を正面きって否定しています。

「とにかく『大日本帝国』と『連合艦隊』に出た奴は絶対出さないぞ、という決心をしてキャスティングを始めたんだから。冗談じゃないですよ。『大日本帝国』の軍人もできるし、『戦場のメリークリスマス』の軍人もやるなんて、許せんよ、ね」(『シネマファイル　戦場のメリークリスマス』)

これがどこまで『大日本帝国』の内容を把握しての考えかは不明ですが、「憎悪と狂気のドラマ」といえる『大日本帝国』とは実際に何から何まで正反対な作品であることは確かです。

坂本龍一、ビートたけしといった俳優ではなくミュージシャンやお笑い芸人が主役だったり、ヨーロッパのアート映画のような淡い色彩の映像だったり、切なくもどこか心温まるエンディングだったり。これまでの重苦しく泥臭い戦争映画とは明らかに一線を画す、軽やかでスタイリッシュな、そして救いと優しさのある戦争映画となっています。

『戦争と青春』

一九八〇年代半ばから、戦場を描く戦争映画はしばらく姿を消すことになります。

その間に軍隊経験者たちは高齢のため映画製作の第一線から消え、戦後生まれの世代が社会の中心を担うようになります。

開発された街からは戦争の痕跡はほとんど消え、日本企業によるニューヨークのロックフェラー・センターやコロンビア映画の買収など、日本は今度は経済でアメリカへの進出を進めていく。映画に代わって大衆娯楽の中心になっていたテレビは、バラエティ番組やトレンディドラマなど軽薄さが尊ばれるようになります。若者たちは「バブル」と呼ばれる未曾有の好景気を謳歌していました。

八〇年代半ばから九〇年代半ばにかけての十年間、作られる戦争映画は少年や少女を主役にした、空襲や疎開先が舞台の作品が大半になります。八五年の『ボクちゃんの戦場』(大澤豊監督)、『ムッちゃんの詩《うた》』(堀川弘通監督)、『白い町ヒロシマ』(山田典吾監督)、八六年の『子象物語　地上に降りた天使』(木下亮監督)、八八年のアニメ映画『火垂《ほた》るの墓』(高畑勲監督)、九〇年の『少年時代』(篠田正浩監督)。戦争映画は当時「少年」だった映画製作者たちの「遠い追憶」、あるいは現代の子供たちに向けて戦争の悲惨さを訴える「道徳の教科書」的な役割を果たすようになっていました。

九一年の『戦争と青春』(今井正監督)は、そんな時代性を象徴する作品でした。『また逢う日まで』から約四十年。軍隊を経験した監督としてただ一人、今井正は戦争と向き合っていました。そして、これが彼の遺作になります。

物語は現代の東京下町から始まります。夏休みに「近くにいる戦争経験者から当時の思い出を聞く」という課題を出された高校生（工藤夕貴）は、認知症を患い古びた電柱をいつも見つめている伯母（奈良岡朋子）の戦争体験を父（井川比佐志）に聞こうとします。が、父は苛立ち、口を開こうとしません。そして、伯母が子供を守って交通事故に遭ったことをきっかけに、父は語り出します。それは、東京大空襲にかけて若き日の伯母と幼い父の姉弟が経験した、あまりに悲痛な物語でした。

戦争によって多くの人が心に傷を負い、現代になってもそれを引きずって生きる。これまで戦中派の作り手たちはその情念を戦時中の兵たちに託して描いてきました。が、ここではその様が現代に生きる人々のそのままの姿として映し出されます。

実は、今井はこれまでも東京大空襲を描いた作品の依頼を受けたこともありましたが、全て断ってきました。

「それはね、戦争にたいする責任ということなんです。戦争が始まった当時、日本は負けると思いました。しかし、当時、戦争に反対するということは大変なことでした。逮捕、拷問、刑務所が待っていましたから。僕なんかだまって下を向いて、知らん顔をしていたわけです。ずっと以前からそのことが心にひっかかっていましてね。だから『おれには「東京大空襲」を撮る資格がないんじゃないか』と、そう思っているのです」

（『今井正の映画人生』）

本作に描かれる、これまで口を閉ざし続けてきた、そしてここで口を開いたヒロインの父は、今井正の分身ともいえる存在だったのです。罪の意識を背負って戦後を生きてきた者が、長い時間を経て現代の若者にそれをやっとのことで語り聞かせる――。そこには、最後の戦中派の監督である今井正の、最後に伝えたかった想いが込められていました。

そして、この「戦時中に何が起きたのかを知ろうとする現代の若者」に「なかなか口を開こうとしなかった戦争経験者が語り聞かせる」という構図は、この後の戦争映画の一つの定型となっていきます。

実体験、追憶、そして伝承。映画での戦争の描かれ方は、戦争と日本人の間にある心の距離感が反映されたものなのです。

五十年目の『ひめゆりの塔』

一九九五年、戦後五十年となるこの年、『ひめゆりの塔』が映画化（神山《こうやま》征二郎監督）されます。沖縄戦で多くの命が犠牲となった看護女学生たちの悲劇は、戦争の悲惨さの象徴ともいえるもので、これが四度目の映画化となります。

原作には水木洋子の名前がクレジットされているので、いちおう一九五三年の今井正監督版が物語のベースになっています。が、女学生たちがひたすら容赦なく殺されていった五三年版とは、内容が大きく異なっています。あの生き地獄のように映っていた野戦病院には優しく温かな空気が流れ、一人一人の死はドラマチックに盛り上げられた中で描かれていきます。

五三年版は、監督も脚本家も出演者も観客も、ほとんどが戦争体験者でした。だからこそ、あれだけリアルで容赦ない作品になったといえます。一方で、九五年版はそうではありません。戦争から五十年が経ち、日本人の多くが戦争の「リアル」を知らなくなっています。それは、敗戦時は四歳だった神山監督自身もそうです。

「物心ついたときには戦争は終わっていたので、軍国教育を受けずにすみました」

「小学校時代は嫌な思い出がほとんどないですね。戦争が終わったので、とにかく世の中が変に明るくて、何とも言えない開放感に溢れていました」（神山征二郎『生まれたら戦争だった。』）

そして、神山は自身を「戦後民主教育の申し子」と呼んでいます。

本作では、五三年版のような戦場の残酷さは描かれません。その代わりに、別のことが強調されています。

それは「生き残れ！」というメッセージです。いくらその想いを抱いていたとしても、戦中派世代は――須崎勝彌の脚本作品がそうであるように――その願いが空しいものだということを身に染みて知っています。ですから、かつての戦争映画においては、それは「願い」のみに終わります。

が、本作はそうではありません。なんとか懸命に生きようとする人々が描かれているのです。これまでの『ひめゆりの塔』では、女学生たちは過酷な運命に流されるままに死んでいきました。が、今回は違います。過酷な状況に対して必死に抗っています。

その象徴は、重傷を負ったために野戦病院に置き去りになった女学生（後藤久美子）です。これまでの『ひめゆりの塔』では全て、この女学生は自ら命を絶ちました。が、本作ではそうしません。なんとか這い出て必死に生き延びようとするのです。「生きたい……」と呻《うめ》きながら。

ラストもそうです。アメリカ軍によって容赦なく皆殺しにされ、そのままエンディングを迎えた五三年版に対し、九五年版では女学生たちは自決を思いとどまり、投降を選びます。五三年版のように、これまで温かく見守ってくれた軍医に後ろから撃たれることはありません。手榴弾のピンを抜こうとする女学生を教師（永島敏行）は必死に押しとどめます。救いがあるのです。それが神山の狙いでもありました。

「今井正監督の『ひめゆりの塔』はラスト、全滅の印象を受けますが、私たちの『ひめゆりの塔』は、それでも『生きよう』とした、というふうに作りました」（『生まれたら戦争だった。』）

そこに描かれるのは、「当時のリアル」ではなく、「現代からみた理想」だといえます。戦争経験者は、経験者であるがために「そんなことできやしない」となってしまいます。

しかし、経験していなければ、たとえそれが当事者のリアルから離れたものであったとしても、「こうあってほしい」という願いを描きこむことができます。

二つの『ひめゆりの塔』の違いによって、経験者が自分自身を仮託する場から、非経験者が自身の理想やメッセージを込める場へ――戦後五十年を経て、戦争映画の機能が大きく変化していることがよく分かります。

戦後五十年の戦争映画

一九九五年には他に三本の戦争映画が作られています。この三本は、いずれも当時の作り手たちの戦争への距離感が強く伝わる作品となりました。

『WINDS　OF　GOD』（奈良橋陽子監督）は元・自衛官でもある俳優・今井雅之が原作を書き、主演した舞台の映画化作品。売れない漫才コンビが交通事故のショックで現代から戦時中にタイムスリップ、特攻隊員と間違われて軍隊生活を送る――という物語です。戦争や特攻の捉え方に対して漫才コンビ双方に違いが生じていく過程を描きながら、特攻に飛び立つ若者たちの心理を追体験させる内容になっていました。

実は、この年に東映が戦後五十年記念として作った『きけ、わだつみの声　Last

Friends』（出目昌伸監督）も、戦時中にタイムスリップする現代人が主人公でした。ラグビーの試合中に気絶した現代の大学生（緒形直人）は一九四三年の明治神宮外苑競技場での出陣学徒壮行会にタイムスリップ。気がつくと、そこで行進をしていました。その後、大学ラグビー部員の学徒兵たちと交流を深めつつ、戦争を経験することになります。

最後の一本『君を忘れない』（渡邊孝好監督）は、若い零戦パイロットたちの物語です。これはタイムスリップではありませんが、唐沢寿明、木村拓哉、反町隆史といったパイロット役の若手俳優たちがことごとく現代人そのままの髪型で登場し、現代人そのままの口調でセリフを言っています。木村拓哉は長髪を後ろに束ねていました。また、飛行機乗りになる理由が「女にモテたいから」だったりします。つまり、タイムスリップではないものの、ここに出てくる若者はほぼ現代人そのものと言えます。

敗戦から五十年を経て、軍隊経験のある者は映画界の第一線からはほぼいなくなりました。観客にとってもまた、戦争は遠い存在となっています。現代人をタイムスリップさせたり、当時の若者たちを現代人のように描いたり――という戦争映画が次々と作られたことは、作り手にとっても観客にとっても、戦争やその時代の人たちのことは「そのまま描いたのではピンと来ない」ものになっていた――ということができます。

「歴史」として戦後の戦争映画の歩みを、一連の流れの中で語れるのは、この一九九五年までだと考えています。ここから先は「現在」。俯瞰して検証するには、まだまだ時間が経っていないように思えるからです。

「戦争映画の現在地」に関しては第三部で短く触れますが、戦後の系譜を追いかけるのはひとまずここで終わらせていただきます。

*引用部分の一部には、現在では不適切と思われる表現が含まれていますが、資料的価値も考慮し、そのまま掲載しました（編集部）。

第二部　岡本喜八の戦争映画

『独立愚連隊』【東宝 DVD 名作セレクション】
¥2500＋税　2020 年 8 月 19 日発売
発売・販売元：東宝　©1959 TOHO CO.,LTD

ここでは、岡本喜八監督の撮った戦争映画に絞って掘り下げていきます。

なぜ、戦争映画を撮ってきた監督が数多くいる中で、岡本喜八を選んだのか。それは、まず一つには彼が戦後最も多くの戦争映画を撮ってきたことが挙げられます。

『独立愚連隊』『独立愚連隊西へ』『どぶ鼠作戦』『血と砂』『日本のいちばん長い日』『肉弾』『激動の昭和史　沖縄決戦』『英霊たちの応援歌　最後の早慶戦』の計八本。

それから、その八本の幅が広い。アウトロー系の娯楽作品「独立愚連隊」シリーズ、ジャーナリスティックな大作『日本のいちばん長い日』『沖縄決戦』、個人の経験を反映させた『肉弾』、戦争情話『英霊たちの応援歌』と、その系譜は一九五〇年代後半以降の戦争映画の変遷をそのままに辿っているといえます。

そのため、岡本喜八の戦争映画を製作の年代順に掘り下げていくことで、戦争映画に臨む戦中派世代の作り手の想いの一断面が浮き彫りになるのでは、と考えました。

なお、この第二部は、WOWOWが二〇一七年に「独立愚連隊」シリーズを一挙放送した際に、ネット配信番組「WOWOWぷらすと」で語った内容を加筆修正したものです。

岡本喜八は大正十三年、一九二四年に鳥取県で生まれます。その後、東京に出てきて明治大学に入学します。そして、太平洋戦争が始まります。

ちょうどそんな頃に岡本は大学を卒業して東宝に入ります。軍隊に入るといつ死ぬか分からないから、大好きな映画に一本でもいいから関わりたいという理由でした。しかし、その翌々年に兵隊に取られてしまう。最終的には、本土決戦に備えて爆弾を抱いて戦車に特攻するという訓練をさせられています。そうやって死を覚悟している時に敗戦を迎え、再び映画界に戻ってきます。

『独立愚連隊』

岡本喜八の名前を一躍世間に知らしめたのが一九五九年の『独立愚連隊』です。

ここで岡本はスピーディでテンポのよい、そしてコミカルなアクション映画として戦争を描いていきました。

アメリカのハリウッド映画では、娯楽として戦争を楽しむ作品は数多く作られています。それはやはり戦勝国だからこそであり、またそのためにアメリカは「自分たちはいつも正義である」という大前提、価値観をベトナム戦争まで崩されないできました。ですから、戦争を描いても娯楽として成り立つ。

日本は敗戦国であるから、エンターテインメントにしにくい。中国戦線では、実際に中国の領内で戦っていたわけで、戦う相手は現地の人々です。それでは娯楽として扱いにくい。だからといってアメリカとの戦いになってくると、圧倒的に負けた相手ですから、これも娯楽にしにくい。

ところが、岡本喜八は「社会派映画は自分には作れない」と言い切っています。『マジメとフマジメの間』という著書でこう言っています。

「ひめゆりの、、、塔やきけわだつみの、、、声にはただもうヤミクモに泣いた。ナミダが眼鏡の夕マにたまっちゃって、殆ンどアウトフォーカスの画面になっちゃうほどに泣いた。小屋の便所で顔をゴシゴシ洗いながら、オレニハコンナマジメナ戦争映画ハ作レナイナと思った」

そして、「マジメ」の反対、つまりアクションやコメディといった娯楽要素の強い戦争映画を作ろうとしました。

彼が一番好きなのは、西部劇でした。軍隊にいる時は特訓続きの毎日で、楽しいのは寝る前のひとときです。そのときには西部劇映画の名作『駅馬車』（ジョン・フォード監督）のシーンを思い出していたそうです。ですから、映画を撮る時は『駅馬車』みたいな映画を再現したいと思っていました。ガンアクションと馬上のチェイスを広大なスペースを使って撮りたい。

それをやるのにピッタリな舞台が、第二次大戦における中国戦線でした。それが『独立愚連隊』へとつながります。

勇壮なファンファーレで始まるところから新しい。当時の戦争映画は、基本的に陰鬱な音楽で重々しく始まります。それがいきなり明るい。

そして佐藤允が演じる主人公の登場になります。これがまさに西部劇のような颯爽としたヒーロー。馬で荒野を駆け抜けながら現れる陽気な男。頭は切れて、女にモテて、腕も立って、俠気もある。日本の軍人をこのようなキャラクターとして描くのは、当時では勇気の要ることでした。軍＝悪という時代ですから。

そしてアクション。これもほぼ西部劇です。特に終盤、基地に独立愚連隊の面々が戻ってくると、いるはずの大隊は撤退していなくなっています。そこに中国の八路軍が攻めてくる。これは、完全に昔の西部劇の作り方です。荒野の小屋に開拓民たちがいて、そこに当時の呼称でいうところの「インディアン」――本来は彼らこそが先住民なのですが、当時は開拓者を襲う悪役という扱いでした――が襲来してくる。それを開拓者たちが銃で撃退する。この構造をそのまま使っています。攻めてくる八路軍に対して拳銃で迎撃していく。

それから、大隊の撤退したあとの基地が「ゴーストタウン」になっています。つまり、町として建物はあるのに、人はいない。このゴーストタウンの決闘というのも、よく西部劇の舞台になっています。二人のガンマンがいて、ゴーストタウンになった町があって、そこに風が吹いて砂塵が舞う。ガンマンは互いの拳銃を構えて抜く。早く抜いた方が相手を撃ち殺して勝つ。

これが西部劇の見せ場なのですが、まったく同じことを佐藤允と中丸忠雄でやっています。西部劇のつもりで戦争映画を撮っているわけです。

それからもう一つの特徴は喜劇性でした。敗戦国であることと、反戦のメッセージ性を考えると、戦争映画において笑いを取るのは難しかった。

ところが、『独立愚連隊』は序盤からコミカルなシーンを入れています。三船敏郎が大隊長を演じているのですが、これがもう尋常でなくなっている。基地にいてのんびりと日常が過ぎているのに、一人だけ戦場にいると思い込んで、双眼鏡を覗き込みながら大声で命令を絶叫している。でも、部下も住民もみんな放っていて、大隊長が戦闘中の感じで真面目に叫んでいる横で、慰安婦たちが川で下着を洗ったりしているわけです。

それから、馬賊——中国人の盗賊たちが出てくるのですが、この首領を鶴田浩二が演じています。この鶴田浩二が中国訛《なま》りの日本語で、「ワタシ、何々ダヨ」みたいな片言で話す。つまり、三船敏郎と鶴田浩二という東宝の二大スターにギャグをやらせているわけです。

そして、主人公が最前線に行ってみると「独立愚連隊」といわれる兵士たちがいます。これがまた、最前線なのに悲壮感が全くない。ギャンブルをやったり、手榴弾をおもちゃ代わりにしたり、その手榴弾を現地の中国人に売って、代わりに酒を手に入れたり。もう本当に戦争全体を茶化しているのです。コメディによって戦争のくだらなさを茶化す、風刺的な演出といえます。

『独立愚連隊西へ』『どぶ鼠作戦』

翌一九六〇年、シリーズ二作目として『独立愚連隊西へ』が作られます。これはさらに喜劇色を強めて、戦争コメディという作りになっています。前作から設定も人物も全てリセットされた、何のつながりもない作品です。佐藤允が同じく主役ですが、異なる役です。

冒頭は前線の兵たちが歌う「イキな大尉」というお気楽な主題歌で始まる、明るいミュージカル調。その次は八路軍の大群に囲まれる。今度は前作と異なり、迎撃せずにみんなが全力疾走で逃げる。佐藤允と加山雄三の独立愚連隊が逃げ、八路軍のフランキー堺が追いかけてくる。追いかけっこをしているうちに、なぜか敵味方が意気投合してしまう。そして、加山雄三が「かけっこはもうたくさんだなあ」と爽やかに笑う。

この部隊は上官に反発しまくり、営倉に入れられます。営倉で「おまえら、一人ずつ名前を言え」と上官に言われても「森の石松」とか「大政」「小政」とか、みんな次郎長の子分の名前を言って嘘をつく。それでまた怒られる。

爆音がして、「伏せろ!」と言ったら結婚式の爆竹だったり、敵に銃を放ったら銃弾が貫通して一撃で三人を串刺し状態で倒したり。ずっと悪ふざけみたいなことをやっています。

ラストもそうです。一作目は、最後はシリアスでした。独立愚連隊が全滅したように思える終わり方をする。『西へ』でも、最後に八路軍に囲まれるわけですが、冒頭のフランキー堺が出てきて解放されて、基地に戻っても上官が優しい。日本の戦争映画では珍しい明るいタッチの終わり方になっています。

シリーズ三作目は六二年の『どぶ鼠作戦』です。これは潜入系スパイ映画。

師団長の息子を夏木陽介が演じていますが、彼が中国軍に捕まってしまう。これを助けに行こうという話です。救出作戦を命じられたのが、戦場で犯罪を働いてしまった人間たちです。映画の中で「ガラクタ」と呼ばれています。「こいつらなら死んでも困らない」ということで、決死の潜入部隊が作られます。彼らが中国人に変装して敵地に潜入するという話。メンバーは佐藤允、加山雄三、田中邦衛、中谷一郎、砂塚秀夫。

これがまた好き勝手やっています。たとえば、冒頭で加山雄三が出てくるのですが、この時に豚を連れて現れる。豚がかわいくてしょうがないという設定です。それから、砂塚秀夫がなぜか忍術が使えるという設定になっており、敵地を脱出するときにインチキな忍術を使い、いろいろと目くらましをしたりします。

戦争映画にアクション性と喜劇性を持ちこんで娯楽映画にしていった。これが、「独立愚連隊」シリーズであり、岡本喜八の初期のやり方でした。

喜劇性の背景

岡本喜八はただ戦争を茶化して悪ふざけがしたかったわけではありません。これが、実は岡本喜八なりの「反戦」でした。正面から反戦映画を撮るのではなくて、アクション喜劇仕立てにする中に、反戦の想いを込めていました。

それにはまず、師匠であるマキノ雅弘監督の影響があります。岡本喜八はマキノから「映画は面白《おもろ》ないとあかんで」と言われ続けていました。それを受けて岡本喜八も「どんなテーマでもまず面白くなきゃダメ」という基本方針を持ちます。「観ているときは面白くて、その帰りの電車に吊り革にぶら下がってるときに『ああ、あいつ、こんなことしやがったんだ』ってわかってくれればいいんだ」と。それが演出の基本だと考えていました。どのようなテーマも深刻に訴えかけるということはしないで「面白い映画をまず作る」のが前提で、テーマはその面白さの中にまぶされていればいいということです。

彼がそのような手法を採った理由は、もう一つあります。それは自身の戦争体験です。戦争体験が、あえて戦争映画を真正面から作らないというスタンスを作り上げた。それは人生観といっていいかもしれません。

彼は自分の戦争経験に対して「痛烈だった」という言い方をさまざまな著書で何度もし

ています。たとえば、あるインタビューで「どうしてそう戦争にこだわるのか」と聞かれたらしいのです。それに対する答えが、「ひと言で答えると、『ささやかな戦争体験だったけど、私にとっては痛烈だったから』ということになる」と答えている。つまり、痛烈な記憶があるからこそ戦争映画を作ってるんだということです。

『ヘソの曲り角』という著書では、自身の作る戦争映画を「戦争が終わった八月十五日の自分から出発したファンタジアである」という言い方をしています。つまり、「戦争が続いていたら自分も死んでいた」ということが最後の自身の立脚点になっている。そこは、第一部で述べた多くの軍隊体験世代の作り手たちと共通しています。

ただ、彼らとは異なり、岡本喜八は喜劇として戦争を描いてきました。それは、「痛烈」な体験が原点になっています。

岡本喜八は戦場には行っていません。日本国内にいました。『ななめがね』というエッセイ集の冒頭によると、一九四四年に徴用で工場に配属されて、このような体験をしています。

「某日、初ノB29東京大空襲アリ。目標ハ三鷹ナルワガ工場、地下道ニ飛ビ込ミヒタスラフルエル。ナニセ九十機ノ猛爆。生キタ心地サラサラナシ。コノ日百余ノ女子挺身隊員直撃弾ヲ浴ビテコナゴナニ散ル。惨、タダタダ惨」

その後、入営した岡本喜八は豊橋の予備士官学校に入ります。そして、着いた初日にアメリカの爆撃を受ける。これが決定的な体験となりました。

「到着ト同時ニ落下音聞コエ、アレヨアレヨト思ウ間ニドッカァン！　一同爆風ニ吹ッ飛バサレル。コノ日、空襲警報ナシ、警戒警報モナシ」

「タダモウアタリ一面ハ泥絵具ノ地獄絵ノ惨状。目ノ前ニ片手片足ヲ吹ッ飛バサレテモナオ、『畜生ッ、コン畜生！』トハミ出シタハラワタヲ押シ込マントスル戦友アリ、『岡本候補生！　岡本ッ！』ト背中デ声ガスルノデ振リ返ルト、大アグラヲカイタ戦友ガ、頸動脈ヲ切ラレ血ノ雨ヲ噴出サセナガラ『止メテクレェ！』ト悲痛ニ叫ンデイタ。

ヤガテ、ハラワタヲサラケ出シタ戦友モ、私ガ首根ッコヲ押エツケテイタ戦友モ大アグラノマンマガックリウナダレテ死ンダ。マコト生死ハ紙一重。気ヅイテミルト、私ノ略帽ノ星章ニ、ダレノモノトモワカラナイ五グラムホドノ肉片ガシガミツキ、ジュバンノ胸ニ五ミリ大ノ穴ガパッカリ口ヲ開ケ血ガニジンデイル」(『ななめがね』)

まさに「痛烈」な体験です。が、驚かされるのは、岡本喜八がこの文章の漢字以外の箇所をカタカナで書いていることです。そのため、これだけ凄惨な状況なのに、どこかコミカルな調子になっている。この悲惨なエピソードすら、真正面から訴えかけていないのです。

では、なぜそうするのか。別のエッセイでは、こういうことを書いています。

「刻々と近づく死への恐怖をマジメに考えると、日一日とやりきれなくなって行く。それが高じて、もし発狂でもしたらみっともない。そんなある日、はたと思いついたのが、自分を取りまくあらゆる状況を、コトゴトく喜劇的に見るクセをつけちまおう、ということであった。

これは、存外うまく行った。飢えや、殴る教官や、対戦車特攻訓練を〝笑い〟にすりかえることで、ひそかに、ささやかな楽しみが増え、常時〝死〟のことを考えるコトも無くなった」

「マジメにノメリ込むと、自分で自分がまことに気の毒に思えてくる。『おれの青春は、一体何だったんだ？』」（『マジメとフマジメの間』）

あまりにも過酷な状態なので、正面から受け止められない。あえて斜めにずらして受け止めることにした。全てを喜劇だと思うようにしたのです。この視点が、戦争を喜劇的に描くことの原点にあるのです。

「ある日――空襲で九死に一生を得た昭和二十年四月二十九日――をキッカケに、反（アンチ）マジメに切り替えたものだ。

つまりは、自分を含めたあらゆる状況を、喜劇的なシチュエーション（劇的境遇）と思い込むことにしたのだが、それかあらぬか、安心立命とまではいかなくても、ちっとは気が楽になった」（『マジメとフマジメの間』）

ですから、反戦のメッセージも正面から訴えない。深刻な状況になればなるほど、喜劇的になってしまう。

それでも娯楽性たっぷりの「独立愚連隊」シリーズにも、反戦の想いは込められています。岡本喜八は、このように書いています。

「独立グレン隊は小高い視野にも立たず、慟哭もせずフマジメに誕生した。彼等はフマジメに闘って或いは拍手され或いは石をもて追われた。しかしフマジメに闘っても、ニンゲンでありたい事をマジメに願って、願うの余りヤミクモに抵抗を試みた愛すべき戦友たちだったとは思っている」（『マジメとフマジメの間』）

戦争の中にあって人間として真っ当に生きよう生きようとした結果、不真面目を選んでいった人たちが独立愚連隊なのです。第一部で、戦争が人間の理性を奪っていったことを描く作品をいくつか紹介しました。それに対して戦場にあっても人間としてあってほしい、そんな願いによって作り出されたのが『独立愚連隊』だったのです。そして、戦場の狂気と対峙する手段が「フマジメ」だった。

それは戦争映画以外にも流れていて、たとえば八六年の『ジャズ大名』という時代劇映画がそうです。戊辰戦争の時代の話で、幕府軍と新政府軍の戦いが描かれる。舞台は静岡のある藩です。ここにアメリカの農場から解放された奴隷たちが流れ着いて、ジャズを大名に教える。ところが、この藩が京都と江戸の間の通り道で、両軍が行ったり来たりする。大名はどちらにも参加を拒んで、通り道として領内を双方に開放します。そして、ついに両軍は城内で戦う。その一方で、大名も、領民も家臣も地下に籠ってジャズを演奏し続ける。その上では凄惨な殺し合いが行われている。

日本の将来を決する戦いが行われているのに、それを無視してジャズに興じる。まさにこれが、岡本喜八流の反戦のスタンスなのです。

『血と砂』

それを踏まえた上で述べたいのが、一九六五年の『血と砂』です。

これは少年軍楽隊の話です。軍楽隊員たちがディキシーランドジャズの「聖者の行進」を演奏しながら中国の最前線の基地にやってくるところから物語は始まります。なので、最初は明るく楽しい映画なのかなと思ってしまいます。

しかし、彼らは前線で戦闘要員にされます。その指導教官に三船敏郎。彼は厳しい訓練をさせます。それはよくある「軍隊の理不尽」ではありません。強くないと戦場では生き残れません。彼らを生き残らせるために厳しい訓練をする。

そして、軍人として養成された少年たちは中国軍に奪われた通称「ヤキバ」という要塞を奪回する命令を受けます。少年たちと三船、それにお馴染みの佐藤允、さらに伊藤雄之助と天本英世が加わります。そして、ヤキバを見事に取り返します。

しかし、今度は中国軍が大軍でやってくる。少年たちにはもう武器弾薬はありません。敵の砲撃は増していく。少年たちはそれぞれの楽器を持って塹壕に入り、それを使って「聖者の行進」を演奏します。そして、音が一個ずつ減り、その度に砲撃の音が強まっていく。楽器の音がなくなる――という形で「一人の少年が死んだ」ということを表現しています。「生」の象徴である楽器の音が、「死」の象徴である爆弾の音にかき消されていく。そして、最後は音がなくなります。しかも、その戦いの日は八月十五日で、基地にいる大隊は彼らをおいて全て退却している。ここでは「フマジメ」すらも許されない、そんな残酷さが空しく迫ってきます。

『日本のいちばん長い日』

こういう描き方できましたから、東宝の上層部としては彼に会社の看板になるような大作映画を任せることはできませんでした。製作を統括していた藤本真澄《さねずみ》プロデューサーからは「おまえはストレートが投げられないやつだ。変化球しか投げられないじゃないか」と言われています。それに対して岡本喜八は「でも、最終的にはキャッチャーミットに収まればいいんじゃないですか？」と言い返すのですが、「いや、おまえのやつはバックネットにぶつかってる」と言われたりします。

ところが一九六七年、オールスター映画『日本のいちばん長い日』を任されることになります。これは、小林正樹監督がクランクイン直前に降板したために回ってきた仕事でした。その内容に関しては第一部に述べていますので、そちらをお読みください。

岡本喜八は登板するに当たり、脚本の橋本忍に対して一部改変を要望しています。

一つは、陸軍の将校たちがクーデターを起こし、同調しない近衛師団の森師団長を殺害する場面です。この場面、脚本には具体的な描写がありませんでした。師団長の悲鳴だけ

『日本のいちばん長い日』【東宝DVD名作セレクション】」
DVD発売中　¥2500＋税　発売・販売元：東宝　©1967 TOHO CO.,LTD.

で処理しています。それに対し、岡本喜八は師団長の横にいた白石中佐の首が飛ぶ場面を撮っています。

それから、三船敏郎の阿南《あなみ》陸軍大臣がポツダム宣言受諾後に切腹する場面です。当初、閣議で阿南はポツダム宣言受諾に強硬に反対します。それは、無条件降伏をしてしまったら、その段階でまだ前線にいる兵たちが戻ってこられなくなるから。兵たちの撤収が済んでから降伏できないかということなのですが、それを待っていたら、一方的に日ソ中立条約を破ったソ連が攻めてくる。それで最終的には阿南も折れて無条件降伏となります。兵士たちに詫びるため、そして敗戦の責任をとるため、阿南は切腹をする。かなり壮絶な場面ですが、この切腹のシーンも脚本には描かれていなかった。

こうした、ともすれば残酷に見えるシーンを克明に撮ることで、八月十五日前後の狂気を描こうとしています。

そして、もう一つ、実はラストシーンも変えています。あるテロップを加えたのです。

「太平洋戦争に兵士として参加した日本人1000万人　戦死者200万人　一般国民の死者100万人　計300万人（5世帯に1人の割合いで肉親を失う）」

つまり、「終戦」できたからハッピーエンドということではなくて、それまでに多くの人の命が失われてしまったことも伝えて終わらないといけないというのです。

では、岡本喜八はどんな思いでこの『日本のいちばん長い日』に臨んでいたのでしょう。当時のパンフレットに、このような文章を寄せています。


「終戦の日、私は21・6歳。豊橋予備士の候補生であった。私にとって戦争とは何であったか。友人が声もなくどんどん死んでいった日々である。やがて同窓生名簿からその半数が消えてしまい、私自身も自分の寿命はせいぜい23歳と踏んでいた。私にとって終戦とは何であったか。その23歳と踏んでいた寿命が劇的に、少なくとも日本人の平均寿命の67・2歳まで延びた日である。『日本のいちばん長い日』の私の仕事は、そのような生と死のちょうど真ん中にいた21・6歳から出発した」

「あの日がなければ、私も日本もどうなっていたかわかったものではない。『日本のいちばん長い日』は、新しい日本の1ページ目だ。当時、21・6歳の候補生だった私は、いささかの曖昧模糊も許さずに、この歴史を変えた1ページを知りたい。私たちの寿命を縮めていた、あの強大な力がどのようにして萎えていったのか、血と汗と涙がどのようにして流されて新しい日本が生まれたのかを知りたい」

この映画で橋本忍の脚本は「終戦」に至るまでの過程を克明に追いかけていますが、岡本喜八はその克明な脚本にさらに手を加えました。それは、岡本喜八自身が「なんで自分の命は助かったんだろう」ということを知りたかったからなのです。

『肉弾』

翌一九六八年に岡本喜八は『肉弾』という映画を撮っています。これは岡本喜八の私小説的な作品です。

寺田農《みのり》が「あいつ」という主人公を演じていますが、見た目が岡本喜八そのものです。眼鏡でやせ細っていて。それから、本土決戦に向けて対戦車特攻「肉弾」の訓練を受けている設定も同じです。「あいつ」は訓練を受けながら、さまざまな人に出会う。それは皆、それぞれに戦争で何かを失った庶民です。その出会いを、コミカルなタッチで描いていく。

例えば笠智衆が演じる古本屋。その古本屋を「あいつ」が訪れると「ああ、ちょうどよかった。今、妻がいないんで手伝って、これ」と。笠智衆が立ち上がると両手がない。戦争で両手を失っているのです。その瞬間、「あいつ」は「ああ、わかりました」と言って小便を手伝ってあげる。

こうした、庶民から見た戦争――というのが、岡本喜八の描きたかったことでした。『日本のいちばん長い日』のラストでは「戦争で300万人の日本人が死んだ」とテロップが出ます。その「300万人の終戦」が『日本のいちばん長い日』であれば、今度は「300万分の1」の終戦というのをやりたかった――と。その「1」は、岡本喜八自身でもあります。『日本のいちばん長い日』には庶民が出てきません。だから、今度は庶民にとっての終戦とは何だったのかをやりたかったのです。

『日本のいちばん長い日』は俯瞰した話なので、「私」がいない。では、「私」にとっての終戦は何だったのか。それが『肉弾』になっていきます。

最初、この脚本は東宝で通りませんでした。それが『日本のいちばん長い日』を撮り終えた段階で東宝から、ご褒美として許可がおります。でも、お金は出してくれない。それで、ATGを使います。作り手が五百万円を集めるとATGが残りの五百万円を出す。それで一千万円で低予算映画を作る。当時、独立系の映画監督たちはここで映画製作をしていました。ところが、ＡＴＧ側は「岡本喜八」というだけで企画を拒否してくる。東宝という大企業でエンターテインメント作品を撮る監督だからＡＴＧにはふさわしくないということでした。つまり、岡本喜八は東宝からすると異端と思われて、独立系からするとメジャーの人間と思われていた。難しい立場でした。

それでもなんとか企画が通ります。そうまでして実現させたい企画でした。そこには、『日本のいちばん長い日』を撮り終えたからこその、想いがありました。

「事実を再現し得ても、事実を見つめる私は主張し得たかどうか？『日本のいちばん長い日』に欠落した部分が、撮り終えたあとで無性に埋めたくなった」(『岡本喜八全作品集』)

だからこそ、岡本喜八は『肉弾』の中に自分自身を描いていきました。

劇中、「あいつ」は軍から二つ選択肢を提示されます。それは、「対戦車用の《肉弾》になるか」、もう一つは「魚雷艇に乗り込んで、アメリカ艦に突っ込んでいくか」。これも戦時中、岡本喜八自身が迫られた選択でした。

最終的に、劇中で「あいつ」は岡本喜八が実際にやるはずだった「肉弾」から配属転換になり、魚雷にくくりつけられたドラム缶に乗り込んで終戦を迎えることになります。では、なぜ「あいつ」はドラム缶に乗って戦うことになったのか。

それは、祖国を守るためではなく、好きな女を守るためでした。岡本喜八はある思い出話を書いています。

「昭和二十年正月、あすは特甲幹として松戸工兵学校へ出発という夜、この夜は私にとって忘れがたい劇的な夜になった。あきらめきっていた美少女が千人針をそっと持ってきてくれたのだ。『お帰りを待っています』受けとる手がワナワナとふるえた。これで死ねる。工兵学校での八か月の教育期間が終わったらおそらく生きてはいまい。しかし、むしょうに生き残りたいと思った。

私にとって、急造の対戦車地雷をかかえてまもるべき祖国はなんであったか? 茫漠とした美辞麗句のためにはシャーマン戦車にぶつかれない。私にとって祖国とは、出発の前の日にそっと下駄箱の隅に置いてきた、履きなれたチビた下駄であり、そっと千人針を渡してくれた彼女であった」(『ななめがね』)

つまり、彼女こそが祖国であり、彼女のために死んでいこうと思ったのです。それとよく似たシーンが『肉弾』の中に出てきます。

大谷直子がヒロイン役を演じていますが、「あいつ」は彼女と結ばれた後で「俺は君のためになら死ねる」と言います。それまで死ぬのが怖かった。それが、彼女を知ることで、覚悟ができる。何をすべきかが分かる。これまで述べたように、岡本喜八はそういうまっすぐな自己主張を作品に入れない監督です。それをあえてやっていることからも、この場面への想いの強さがよく分かります。

岡本喜八の八月十五日

『肉弾』のラスト、「あいつ」は敵艦に突っ込むことができず、海を漂います。そして、し尿処理船に見つけられた時、既に戦争は終わり、日本は復興への道を歩み始めていました。それでも、「あいつ」はドラム缶から降りようとせず、やがてロープは切れて、ドラム缶は再び海へ流れていきます。

岡本喜八は、自分自身を仮託した「あいつ」になぜそのような道を歩ませたのでしょう。

それは、岡本喜八の受け止めた「終戦」への想いが大きく反映されています。

その想いは、『ヘソの曲り角』に載っている、次の文章でよく分かります。


「死を覚悟したドタンバで聞いた終戦は、たとえてみれば、十三階段を上りつめたところで、無実の罪が晴れた死刑囚といったところである。その日の目に写ったものはすべて、露出オーバーの画面といった感じであった。早く言えば、唖然茫然である。やっと『助かった……』という感慨を嚙みしめたのは、数日経ったあとだったような気がする。

その年の暮、私は中学生時代の同級生の半分が、あの戦争のために死んだのを知った。その大部分は、フィリピン沖で沈んだという。

だから私は、『お前にとって、太平洋戦争とは何だ?』と聞かれたら、『多くの同世代の若者たちが、声もなく死んで行った日々』としか答えられない」


岡本喜八の中には、「自分だけが生き残ってしまった」という想いがありました。それに対する後ろめたさがある。

『独立愚連隊』にこのような場面があります。独立愚連隊の隊長（中谷一郎）は序盤で

「俺は命が惜しくてしょうがない。一人ならとっとと逃げ出す」と言っています。ところが、最後には戦って死んでいく。独立愚連隊は全て死に、主人公だけが生き残ります。そして、こう言うのです。

「死にたくないやつはみんな死んだ。生きていてもしょうがない俺だけがまだ生きてる」

これは第一部に書いた、戦争の生き残りたちの背負っていたものに通じる、重い十字架です。岡本喜八もまた、「終わらない戦争」の中で苦しんでいたわけです。自分を仮託した「あいつ」が、戦争が終わってもなお戦い続けたのは、まさにそのような想いが映し出されたものといえます。

「終戦で生き残った私たちは、何となく居残ったような後ろめたさがあって、ながい間背中を丸めていたようだが、近頃になってやっと、てんでに居直りを見せ始めたようである」（『ヘソの曲り角』）

そうした想いを背負い、「あいつ」は戦後復興を知らずに、海の上に漂いそして干からびて死んでいく。そのことを実は岡本喜八を仮託した主人公は選んでいる。

『肉弾』の冒頭、仲代達矢のナレーションで、こういうことが語られています。
「（昭和20年の男の平均寿命は46・9歳、昭和43年は68・5歳）戦争のあるなしで人間の寿命はこうも違う」

この差が二十一・六歳です。それはそのまま岡本喜八の当時の年齢でした。「青春」と呼ばれる時期を、そのまま戦争と共に過ごしています。

「生と死の間にはさまって、肩をすぼめているような青年は、本物の青年ではないし、二十三歳で頭打ちの青春なんぞというものも、本当の青春ではないと考える」
「戦争は、恐ろしい。身の毛が、よだつ。青春とは、何だか知らないがこれから素晴らしいことがいっぱいありそうな、そんな時期だと思う。『若い時は、二度ないよ』とは、今のセリフであって、私たちは、『一度ありゃ、沢山だ』と言いたくなる」（『ヘソの曲り角』）

つまり、本当なら明るい未来がある、輝いているのが青春なのに、岡本喜八の世代は戦争で死ぬという前提がありました。「二十三歳で俺は死ぬんだ」と思い、青春を楽しめなかった。そうしたスタンスは、死の描き方にも表れています。戦中派に共通するスタンスです。

『肉弾』でヒロインの死は、直接は描かれません。仲の良い少年の口から聞かされます。蠟人形のように蒸し焼きになって死んでいったと。残酷な死に方です。

そこには、岡本喜八ならではの「死」への捉え方が反映されています。岡本喜八の映画では、「死」を劇的に描くことはまずありません。そこでドラマチックに盛り上げて泣かせようとしたり、勇壮に描いたり、悲壮感を込めたり——そうした描写は極力避けています。あっけなく、人が死んでいくのです。

そのことは、当人も意識的にやっていたようで、『ヘソの曲り角』には次のように書いています。

「商売上、人間の死を取り上げることは多い。作品の性格上、いろいろな死がある。しかし私はシナリオでの描写を、主役であれ、チョイ役であれ、誰が、どこで、どんなふうに死ぬにかかわらず、『死んだ』としか書かなくなった。これは多分、かずかずの死を見て来たせいであり、どの死もどの死も、激しいとか静かなといった違いはあっても、その度にアッケないと感じたせいのようである」

「シナリオだけでなく、演出の上でも私は出来るだけ、『死んだ』といったふうにさりげなく片づけたい。その代わり、その死に到る前は丹念に凝りたいと思っている。死そのものはアッケなくても、人間一人が死に到るまでは、そうそうアンチョクなものではないと考えるからである」

「戦争中私たちは、『死は鴻毛より軽し』と教わったが、人間一人の死がそんなに軽かろうはずがない。ま、そんな戦争映画を撮ってきたつもりではある。平たく言ってやっぱり、『死んで花実が咲くものか』と思う」

『肉弾』でヒロインの死を聞いた主人公は、「バッカヤロー！」と叫びます。実はこの「バッカヤロー」、岡本喜八の監督作品にはよく出てきます。明確な理由を持って「バッカヤロー」と叫んだのは『肉弾』が初めてなのですが、他の映画でも口癖のように、それこそ男女関係なく登場人物は「バッカヤロー」というセリフを言います。

岡本喜八映画の根幹は、ここにあると思っています。怒りや悔しさが根本にあって、でもだからといってどうにもならない。そして、シリアスな時ほど喜劇的でありたい。そうした想いが全て抱え込まれて出てくるのが「バッカヤロー」なのではないかと。

岡本喜八の映画で共通するテーマは「バッカヤロー」なのです。いつも何かに対する「バッカヤロー」をぶつける映画が岡本喜八の映画。その正体が克明に描かれているのが、『肉弾』ということになります。

『激動の昭和史　沖縄決戦』

岡本喜八の戦争映画、七本目は一九七一年の『激動の昭和史　沖縄決戦』です。概要は第一部に書いていますので、そちらをお読みください。ここでは岡本喜八の演出に話を絞っていきます。

岡本喜八の戦争映画は、基本的に三つの要素で構成されています。

一つ目は前線には有能で勇敢な兵がいる。二つ目は上層部は無能で無責任。三つ目は、若い命は容赦なく散っていく。

そして、これまでは局地戦の中でそれを描いてきました。それが今度は沖縄を舞台にした米軍との決戦の中で展開される。

ところが、前にも述べましたように、当時の東宝は経営的に厳しく、予算をかけられなかった。エキストラにしても、日米合わせて十五人しかいない。それで沖縄決戦を描かなければなりませんでした。

ただ、そこは手慣れたもので、アップや短いカットの積み重ね、爆発を多く撮ることで、それを感じさせない演出をしています。セリフの使い方もうまい。

たとえば米軍の大艦隊が沖縄に攻め寄せてくる場面。本来なら、特撮を使ってどれだけ大規模の機動艦隊なのかを映したいところです。でも、それを作る予算はない。そこでどうしたかといいますと、兵に双眼鏡で覗かせる。そして、こう報告させます。

「米艦隊のために海の色が見えない！」
「船七分に海三分、判ったか、船が七分に海が三分だ」

このセリフだけで、アメリカの機動艦隊が海を覆いつくさんばかりの数で攻め寄せてきていることが伝わります。

それから、米軍に対する乾坤一擲の「総攻撃」の場面もそうです。脚本には克明な描写があるのですが、ここも撮られていません。どのように表現したかといいますと、激戦のため凄まじい爆煙がたち、戦況が全く見えない。そして、八原参謀（仲代達矢）が双眼鏡を覗きながら「わからん。あの煙の下で、いったい何が起きているのか」とつぶやきます。つまり、映せない分を観客の想像力を喚起してカバーするという演出です。

そして、総攻撃で日本軍は返り討ちに遭い、壊滅的な打撃を受けます。後半は上陸した米軍にひたすら蹂躙される様が描かれます。

日本軍は洞窟にこもってゲリラ戦を展開するのですが、その一つ一つの洞窟が米軍に襲撃されていきます。民間人もろとも火炎放射を浴びせられたり、爆弾を投げ込まれたりして。しかも、これが岡本演出らしい速いテンポで展開されていくので、息をつく間もなく、どんどん人が死んでいく。悲惨です。観ていて、つらい気持ちになります。そして、それは岡本喜八の狙いでもありました。こういうことを述べています。

「二十歳で終戦を迎えたぼくと同世代の人間が実にたくさん死んだ。ぼくが作る『沖縄決戦』はそこから出発するしかない、と思った。この写真で戦争を知らない世代にも最低限、戦争はいやだなという感じが伝えられればそれでいいと思っている」（『岡本喜八全作品集』）

『英霊たちの応援歌　最後の早慶戦』

最後の作品は『英霊たちの応援歌　最後の早慶戦』。一九七九年の映画です。早稲田と慶應それぞれの野球部の学生たちが学徒出陣で徴兵され、特攻隊に参加していくという話です。そんな彼らがなんとか「最後の早慶戦」を開催できないかという話です。ただ、その「最後の早慶戦」は最初の三十分で終わります。あまり詳しくは描いていません。メインとなるのは、そこに参加した若者たちが戦地でどのように死んでいくかという話です。

岡本喜八は前年の七八年に『ダイナマイトどんどん』という野球コメディの傑作映画を撮っています。これは、抗争している二つのヤクザ組織が暴力ではなく野球の試合で決着をつけようという話です。菅原文太、北大路欣也、金子信雄、田中邦衛といった「仁義なき戦い」シリーズに出ていた役者たちが、野球で戦う。ヤクザの抗争なので、ただクリーンに試合するだけではなく、卑怯な手段も使ったりします。

この映画をなぜ引き合いに出したかというと、つまり岡本喜八にとって野球とは暴力に対するアンチの存在ということなのです。野球とは、平和の象徴でもある。戦争とはなにか。それは「若者が野球をすることすら許されない状況」だということです。戦争のために真っ当な青春を送れなかったことへの悔恨の念、つまり岡本喜八の「バッカヤロー」の精神は、ここにも通底しています。

ただ、『英霊たちの応援歌』は岡本喜八の戦争映画にしては、驚くほどオーソドックスに撮られています。もともとテレビ東京のドラマでやる予定だったものが映画になったというのもあり、特攻で散っていった若者たちの姿で泣かせる「戦争情話」になっています。

この時期、先に述べたようにもう戦争映画は「情話」として泣かせる装置となりつつありました。それは、「バッカヤロー」を根幹とする岡本喜八の精神からすると対極的なものです。

岡本喜八はこの映画に対して「これは実は反戦映画としてはスレスレの所である」（『岡本喜八全作品集』）と言っています。つまり、一つ間違うと特攻していく若者たちを「かっこいい」と思われかねない。いくら反戦の想いを込めても、特攻がヒロイックに映ってしまってはよくないと考えるわけです。

自身も八月十五日に戦争が終わらなければ、「肉弾」をやることになっていたわけですから、この映画を作るにあたっては葛藤もあったようです。

置き去りになった前線の兵

最後にもう一つ。

『英霊たちの応援歌』を除く七作には共通点があります。それは、設定が実は同じなのです。

それは、前線に置き去りにされた、もしくは見捨てられた、最前線の人々の話だということです。「独立愚連隊」シリーズは、全てそうです。『沖縄決戦』は、沖縄の島全体が取り残された前線という扱いになっています。これは冒頭の三十分かけて、東京の軍総司令部が「最後の決戦の場」と位置付けていたはずの沖縄を、いかにして見捨てていったかという過程が克明に描かれます。

そして、この置き去りにされた人々は、全て『肉弾』の主人公に収斂《しゅうれん》されていきます。『肉弾』で海に取り残された主人公は、戦争が終わったことを知らずにひたすら漂い続ける。彼もまた、置き去りにされた兵なのです。そして、その主人公は岡本喜八自身が仮託されたキャラクター。つまり置き去りにされた人たちは、「そうなっていたかもしれない、もう一人の自分自身」だったのです。

この精神は『日本のいちばん長い日』にもつながっていきます。

阿南陸軍大臣（三船敏郎）は、ポツダム宣言受諾か否かを諮《はか》る閣議で、受諾反対を強硬に言い続けます。それは、降伏した場合に前線に残された兵士たちをどうやって帰すのかということを、政府の上層部が何も考えていないことへの抗議でした。

つまり、この時の阿南の主張の向こう側には、遠い戦地で終戦を知らずに戦い続ける独立愚連隊たちが、『血と砂』の少年たちがいる、ということです。全ては、繋がっている。

そして、結局は彼らを見殺しにせざるをえなくなった。岡本喜八が、なぜ阿南の自決シーンを撮ることにこだわったのか、そう思うとよく理解できます。上層部のほとんどが無責任に見放していった前線の兵たち。でも、その責任を負って自ら命を絶った軍人もいた。それを描くことが、置き去りにされ、命を失った前線の兵たちへのせめてもの鎮魂になれば――と私はそう解釈しています。

第三部　戦争映画の現在地

『この世界の（さらにいくつもの）片隅に』
監督：片渕須直　原作：こうの史代（双葉社刊）

Blu-ray&DVD　2020 年 9 月 25 日発売予定（バンダイナムコアーツ）

大作と日常

ここでは、近年の戦争映画の動向について、軽めに追っていきます。

二〇〇〇年代に入り、戦争映画の製作状況はかなりの活況を呈しています。テレビ局の映画製作への本格進出や製作委員会システムの導入により、九〇年代には沈みかかっていた日本映画は一転して興行的に好転。さらに、デジタル技術の急激な進歩もあいまって、大作の戦争映画が再び作られるようになっていきます。

終戦間際に密命を与えられた潜水艦の活躍を、ファンタジー要素を交えて描いた『ローレライ』(二〇〇五年、樋口真嗣監督)。総額六億円をかけた大和の実寸大セットが話題を呼んだ『男たちの大和　YAMATO』(〇五年、佐藤純彌監督)。日米双方からの視点で潜水艦戦を描いた『真夏のオリオン』(〇九年、篠原哲雄監督)。サイパン島でわずかな兵を率いて米軍相手に終戦後までゲリラ戦を続けた軍人の活躍を描いた『太平洋の奇跡　フォックスと呼ばれた男』(一一年、平山秀幸監督)。

こうした大作映画の中には特攻隊を描いた作品もあります。特攻隊の生き残りが、特攻で死んだ韓国人の戦友の遺品を韓国にいる遺族に届ける『ホタル』(〇一年、降旗康男監督)、「人間魚雷」回天に乗り込むことになった若者の苦悩と、回天内での孤独を描いた

『出口のない海』（〇六年、佐々部清監督）。知覧の特攻基地を舞台に、食堂を切り盛りする女性の視点から特攻に飛び立つ若者たちの姿を情話的に描いた『俺は、君のためにこそ死ににいく』（〇七年、新城卓監督）。自らの教え子たちを特攻に向かわせる直掩隊のパイロットの苦悩を、祖父はなぜ特攻で死んだのかを探る現代の若者の視点から描いた『永遠の0《ゼロ》』（一三年、山崎貴監督）。

こうした大作映画が次々と製作されていく一方で、年齢的に軍隊を経験してはいませんが、「戦争」を経験しているベテラン監督たちが小作品を通して反戦のメッセージを強く訴えるようになったというのも、二〇〇〇年代に入ってからのもうひとつの特徴です。

学徒動員によって航空機工場で働いていた際、空襲で多くの友人が死んでいくのを目にしていた黒木和雄監督は、『美しい夏キリシマ』（〇三年）、『紙屋悦子の青春』（〇六年）と、戦争によって引き裂かれる男女の物語を撮っています。十代の時に満州からの引き揚げを経験した山田洋次監督は『母べえ』（〇八年）、『小さいおうち』（一四年）で、幸福な日常が戦争によって無残に破壊されていく様を描きました。戦争によって近所にいた人たちが死んでいくことに怯える少年時代を過ごした大林宣彦監督は、『この空の花　長岡花火物語』（一二年）、『野のなななのか』（一四年）、『花筐／HANAGATAMI』（一七年）という「戦争三部作」を撮っており、いずれの作品においても凄まじい色彩の映像を展開、鬼気迫る尋常でない演出を見せています。

黒木監督も大林監督も、キャリア最晩年になって病を押しての撮影となりました。その内容と合わせて、現代人に、なんとしても反戦のメッセージを伝えようという姿勢には、「戦争を知る最後の世代」の映画製作者としての矜持《きょうじ》を感じ取ることができます。

片渕須直監督と語る「戦争と死の描き方」

最後に、片渕須直監督との対談を掲載します。

『この世界の片隅に』は、戦時中の広島・呉を舞台にしたアニメ映画です。ヒロインの「すず」を中心にした長閑《のどか》な日常が、戦争によって壊されていく様が描かれていきます。二〇一六年十一月にミニシアター系での公開だったにもかかわらず、その内容が評判を呼び、上映規模は拡大。最終的に千日を超えるロングラン上映、二十七億円の興行収入という大ヒットを遂げました。「現在の日本の戦争映画」を代表する一本といえるでしょう。

そこで、『この世界の片隅に』を撮った片渕監督が戦争をどう捉え、どのような意識でどう描こうとしているのかをうかがうことで、日本映画における戦争映画の現在地を知ることができるのではないか――と考え、今回の対談を企画しました。

春日　これは戦後に作られた日本の戦争映画を追いかけていく新書になります。戦争の描かれ方を検証しながら、日本の作り手たちの戦争に対する意識がどう変遷していったかを浮き彫りにしようと考えています。日本の映画製作者の「戦争」への意識を知るために、ぜひとも片渕監督のお話をうかがいたく思い、こうしてお願いした次第です。

片渕　ありがとうございます。

春日　何度も聞かれているだろう質問もありますが、一から改めていろいろうかがっていきます。まずは『この世界の片隅に』の原作との出会いについてお聞かせください。

片渕　この一本前の映画、『マイマイ新子と千年の魔法』※注1を手掛けながら気がついたことがあるんです。『マイマイ新子』のお母さんは、昭和三十年に二十九歳なんですよ。新子

ちゃんは原作者の髙樹のぶ子さんがモデルで、髙樹さんは昭和二十一年四月生まれ。お母さんが彼女を身ごもったのは戦時中で、十代で母になっています。

昭和三十年を舞台にした『マイマイ新子』を作りながら、生活風俗などの詳細が分からなくなると、昭和十年くらいを調べていました。それが資料として使えるんです。住宅も、昭和十年頃に建った社宅とかがそのまま劇中に出てくるし、町並みや人々が着てるものとかの感じにも共通するものがありました。

でも、昭和十年と昭和三十年は直結するのに、その真ん中にある昭和十年代後半から二十年代の前半という戦時中と戦後の混乱期だけが、なんか全く異質で、まるで連続していない。時代についての手触りがつかめないでいました。あの時代についてどこかでたどり着けない部分があったんです。

僕らは『マイマイ新子』の中でお母さんをすごくポヤーンとした――「いくつになっても女学生」みたいな人として描いてるんですけど、あの時代、七千万人いた日本人の中には新子のお母さんのようにポヤーンとした人も必ずいるはずだから、そういう人が戦争中にどんな様子だったかっていうところへたどり着いていければ、手触りをつかめるのではと思いました。

春日　もともと戦時中における庶民の生活についての問題意識があったわけですね。

片渕　そういうことです。それで、そのような話を、『マイマイ新子』の舞台の防府《ほうふ》でしていたときに、防府市の文化財課の課長さんが「こういうのもあるんですけど」って言われたのが、こうの史代さんの漫画『この世界の片隅に』でした。「これ、監督が今おっしゃってた話そのままですよ」って。

春日　『マイマイ新子』から繋がっているわけなんですね。

片渕　そうです。それで「『この世界の片隅に』をやりたい」って、こうの史代さんにリクエストしてこたえが返ってくるまでの間、髙樹のぶ子さんに「お母さんはどういう方だったんですか」って聞いたりしていました。「父が海軍航空隊で、終戦時には郡山におりました。私は母のお腹の中にいたんですけど、二人で終戦の後に満員の列車を乗り継いで帰ってくるのが大変だったと聞いています」みたいな話とか。

いつからもんぺを穿き始めたのか？

春日　戦時中について、手触りがつかみにくかったのは、どのへんだったのでしょうか。

片渕　もうちょっと遡《さかのぼ》ると大正デモクラシーの時代じゃないですか。「わずかな時間で、そんなに人の意識は変わるものなのかな。なんであんなふうに唯々《いい》諾々《だくだく》ともんぺ姿になるとか、急に全然違う世の中になっていったんだろう」というのを手触りというか、気持ちの上で撫でてみたいというようなところがありました。

『この世界の片隅に』で助かったのは、こうのさんの原作は「何年何月」って、章ごとに全て時期を特定してサブタイトルに書いてますでしょ。「戦争中」であっても、「何年何月」と別の「何年何月」では「違う」っていう前提なんです。「戦争中」と一つ言葉でくくらない。

＊1　二〇〇九年公開、片渕監督の長編アニメーション映画。原作は髙樹のぶ子の自伝的小説。モントリオールでのファンタジア映画祭でベストアニメ賞を受賞。主人公・新子の母親・長子は大正十五年生まれで、『この世界の片隅に』のすずは大正十四年生まれと、ほぼ同世代である。

春日　なるほど。教科書だと「戦時中」の一言で済まされるところが、実はその中に段階というかグラデーションがあったということですね。

片渕　それが面白くて。たとえば、胸に「血液型A型」とか書いた札を縫いつけたり、窓に紙テープみたいなのを米印のような形に貼ったり、もんぺを穿くことだったり、そういうのを一つ一つ、「あれ、いつからやり始めたのかな」って全部調べていきました。

そうすると、いろいろと分かってくる。もんぺは昭和十八年の秋から。理由も述べられていて、その年に薪とか炭とかの燃料の配給が一斉に滞《とどこお》ってしまった。で、暖房がなくなったんで、寒いので穿いた。家の中でトレパン穿いてる感覚だった。それまでは、防空演習のときは穿いてたんで、皆さん持ってたんですよね。で、それを穿いてみたら温かい。

春日　生活の知恵だったわけですね。

片渕　で、今度は四月になると、「暖かくなってくると不衛生であるとしてみんな脱ぎたがるのが、困った風潮である」って新聞コラムに書いてあるんですよ。翌年の秋になると、今度は空襲がいつ来るか分からないから、そのときはもう穿きっぱなしになるんです。その前の年は空襲がないのに、なんであんなの女性たちがみんな穿くのかとか、ちょっと異様に思ってたら、自分たちにもよく分かるそういう理由があったんですよ。

それまでも政府は「穿け」って言ってたんですけど、穿いていなかった。男性は国民服っていうのを着てるんですけど、それは国民服令という法令があったから。でも、「もんぺを穿け」っていう法令はないんです。強制はしないけど、「穿け」って言われてた。それなのに、みんななんで穿いてなかったのかなって思っていたら、当時の雑誌に「それはかっこ悪いからです」って書いてあって。で、その途端に手触りを感じました。「あ、やっぱり、あれをかっこ悪いと思うという僕らにもよく分かる気持ちがあったんだ」「そういう人たちが住んでたんだな」っていう。

春日　教科書的な考え方でいくと、「戦時中」というと、みんながみんな戦争に向かって一致団結というイメージになっちゃいます。けど、調べてみるとそういうわけではないと。これまでの監督のインタビューを拝見しますと、この作品を作るに当たって「実感っていうのを感じられる作品にしたい」とよくおっしゃっています。

片渕　そうです。自分がそこへ行って、どんな感じだったのか体験してみたいわけです。自分たちが、「こうだろう」とか想像で決めつけて当てはめていっちゃだめで。あくまで「こういうものだったんだ」というのを知って、それを映画の中に取り込んでいくことが大事かなと思ったんです。自分の知識とか、自分たちの想像力の中でだけやってたら、たどり着けないわけですよ。向こう側にあるものに。

昭和二十年のお正月

春日　それまでの戦争映画の多くは「戦争が始まりました」という段階になると、映画自体も非常事態宣言下みたいになっていきます。その極限状態の中でそれぞれがどう動いていくかということに焦点があてられるわけですが、この作品が面白いのは「どんな悲惨な状況になっても、人間にはその状況下での日常っていうのが絶えずある」という描き方をしていることです。

たとえば空襲があったら、その翌日には掃除しながら「やれやれ、疲れたね」と言ったり——そこも実感ですよね。そういったものが丁寧に描かれてるなぁと思いました。

片渕　映画で描き切れなかったんですけど、呉に三宅本店っていう酒蔵があって、清酒千福っていうのを作っている。その酒蔵に、二十年七月二日の空襲で火が入りかけちゃって、これはお酒がだめになるんで緊急配給で放出するっていうのがあって、酒瓶持ってくれば、一世帯二本までくらいかな、「酒、清酒、無料で配給します」って。で、空襲の翌日、呉中の男性がみんな酔っ払ってたっていう。

むしろ現実のほうが漫画みたいです。でもね、そういうのを見てると、分かるようになってきました。我々の経験した震災もそうですね。

二〇一〇年から映画の構想に入り始めて、二〇一一年の三月十一日にあの震災があった。そのときに、急に食べるものがなくなったり、ガソリンがなくなったりした。そのときのこととかがあったから、「あ、こんな感じなんだろうな」と思いながら作ることができました。

春日 あの震災の時は目先の食事をどうするかとか、寒い日だったら、寝泊まりをどうするか。そういうことの大切さに気付かされました。

片渕 あのときね、納豆がなくなったんですよ。納豆は、茨城とか、僕、東村山に住んでるんですけど、東村山とかで作ってるんですね。東村山が意外と納豆産地なんですけど、パックの製造が東北地方なんですよ。で、しばらくしたら、コンビニに、でっかい貼り紙で、「今日は何本納豆巻きが入荷しますので、久しぶりの納豆をお楽しみください」って貼ってあって。戦中戦後の食糧配給から脱却して行く時期って、こういう気持ちなのかなぁと。

戦時中、呉市では毎月どれくらいのものが配られていたかという資料もあるんですけど、見てると、昭和十九年の十二月に衣料品が比較的多いんですよ。普通にお正月を迎えさせようという、平時からそのままの気持ちもあったんだなと思った。足袋《たび》とかがまとまって配給されていて。

もちろん、全市民に割ってみると大した量じゃないんですけど、それまで全然配給されなかったのから比べたら、ものすごい多いんですよ。ということは、これ、やっぱり普通のお正月をやろうとしてるなと。

昭和二十年の一月一日に初詣に行く人もいました。「今年のお正月は、神社に来てる人は、国民服ともんぺ姿が例年になく多い」って新聞記者の日記に書いてあるんですよ。なるほど、「去年までは、紋付、袴で来てたんだな」というのも分かってしまうわけです。晴れ着とまでは言わないけど、女性も和服、着物を着て来られてたんでしょう。

つまりね、本当に空襲さえ来なかったら、みんないつもと変わらない正月を過ごしていたはずなんです。

どちらからキノコ雲を見たか?

春日　戦中派世代ではなくて、戦後世代が作るようになってからの戦争映画は、イデオロギーを前面に出して訴えるようになっています。
　戦中派の人たちもイデオロギーを強く打ち出す戦争映画は作っています。でも、その一方でその時代の実感とか肌感も感じることができました。自分たち自身が経験していますから。それが段々となくなっていき、反戦なら反戦モード一色だし、肯定的にとらえたら肯定的にとらえるモード一色。実感というか、そこに生きる人間のリアリティがなくなってしまったという気がしていました。そうした中で、「ああ、こういう人がちゃんとここにいて、こういう暮らしをしてたんだ」という世界に針を戻したのが、『この世界の片隅に』だったのかなという気もします。
片渕　昔、ジョン・ブアマン監督が『戦場の小さな天使たち』（一九八七年）っていう映画を撮りましたよね。空襲でめちゃめちゃになった町で、子どもたちが、機関銃の不発弾を拾ってきて、万力に挟んで発射させたりとか、薬莢《やっきょう》のおケツを叩いたりとか、あと、一番最後は、疎開先から学校に帰ってきたら、学校が空襲で崩壊してて、みんな万歳したという。
春日　校舎がなくなったのを見て「ありがとう、ヒットラー」って子どもが言うシーンがありましたね。

片渕　「ああいう映画、日本でも作りたいよね」って思ったんですけど、「でも、たぶん無理だよね」って、周囲の人から悲しそうに言われていたんです。なんで無理なのかなっていうのが気持ちの中で引っかかりになっていて。いつになったら、そういうのが日本でも描けるようになるんだろうなっていうのはずっと思っていたんです。

春日　むしろ日本映画はどんどん窮屈になっている気がします。「あなたはあの戦争をどうとらえますか」、「侵略戦争派と解放戦争派、どちらですか？」みたいな歴史観やイデオロギー論争みたいなものにシフトしています。

片渕　なっている感じがしますね。

春日　そこへのカウンターとして『この世界の片隅に』が出てきた。「戦争映画の表現を自由にしてくれたな」というのが、僕の受けた感覚でした。ここまでうかがってきて、やはりそうしたイデオロギー的アプローチでない作り方をされていたと分かりました。

片渕　客観的に見て、戦前の当時どの段階で、戦争向きのイデオロギーが入ってきてたのかなっていうのも、なんとなく分かるんです。でも、それと普通の市民生活が同居してることのほうがむしろ意外だったわけですよね。だから、最初は手触り感が分からなかったわけです。

春日　それが、こうのさんの原作の章立てだと、その過程が詳細に見えてくる。

片渕　あの章立ての考え方で、あの前に延長していけたら、そうですよね。で、こうのさんの原作で、広島の原爆のキノコ雲を描いたんですよ。これは呉から見たキノコ雲です。するとこうのさんのお父さんは実際に戦争中に広島におられて、キノコ雲を見たんですけど、「わしが見たのと違うな」って言われたそうです。それはそうで、こうのさんのお父さんは反対側から見てたんです。

春日　北側から見てたんですね。

片渕　北側、広島市よりさらに北側に疎開してらっしゃって、そこから見てるんですよ。こうのさんが言われたのは、「実際に経験したのだとしても、違う方からの視点だってあるのだから」って。「だって、見る方角違ったら、いろんな見え方あるわけですよね」。で、それは、誰にでも言えることかもしれません。自分が知ってる範囲に全て当てはめていくだけで、「本当はどうだったか」っていうところに立ち返ることをしない。

春日　だから、みんなまずイデオロギーで考えてしまう。観念的なんですよね。

片渕　そうそう。一度いろんなものを観念化しちゃってて、その観念の中からピックアップして選んできて、ちりばめるみたいになっている。

春日　戦争を語るとき、熟語が先行するのが、その最たるものだと思うんです。「戦争責任」とか、「侵略戦争」「解放戦争」とか。でも、実はそんな四文字で割りきれるような、単純なものではないと思います。

片渕　そうです。誰がどの程度の責任を負うのかみたいな程度のこともありますから。

戦争と生活感の同居

春日　日常と戦争とを同居させる描き方は、実に片渕監督らしいと思いました。平和な雰囲気で持ってきたところに、ズドンと落としてくる。『ブラック・ラグーン』※注2もそうでしたが、のんびりとした雰囲気でいるところに敵が急に攻めてきて、でも、その上にはカモメが飛んでたりみたいな。なんかのんびりした空気感なんだけど、行われている行為は残酷なことだったり——というのが監督のアクション演出としてあるように感じます。

片渕　そうですね。

春日　『この世界の片隅に』も、段々畑とか、そういう穏やかな風景がある所に米軍機が現れる。そういう、平和と戦争の対置を描くのが見事だと思うんです。

片渕　『ブラック・ラグーン』は、東南アジアにあることになっている架空の暗黒街が舞台で、日本の青年が流れ着いちゃうわけですよね。で、流れ着いちゃったけれども、そこにも生活があるなと思った。だから原作になかったんですけど、生活感を持ち込みたかったんです。

たとえば、一般市民もいて、物売りみたいなのがいて、でも、この町は悪い町だからって、そういうやつらも全員ちょっと悪くて、うっかりしたら、すぐ財布持って行かれちゃうとかね。そういう生活感をちゃんと持ち込んだところから始めたかったんです。暗黒街のおどろおどろしさに生活感が同居してないと。観る側が「こいつら、何食って生きてるんだろうな」ってなっちゃったら、全部が嘘の世界になってしまうので。

春日　それが結果として、アクション演出の緩急としても効果的でした。

片渕　『この世界の片隅に』は場所が実在する。実際にそこまで行って、一生懸命に想像してみました。あの舞台となる段々畑に実際に自分も立ってみて。で、港に軍艦がいて、そこから大砲の弾を打ち上げている。米軍機は、日本軍からできるだけ撃たれないように、

＊2　二〇〇六年に放送されたテレビアニメーション。原作は広江礼威の同名漫画。片渕監督が監督・シリーズ構成・脚本を手掛けた。ひょんなことから日本のサラリーマンが、裏社会の運び屋と行動をともにすることになるクライムアクション。

灰ヶ峰っていう一番高い山の陰に隠れて来て、最後に稜線を越えて港に入ってくる。で、仰角《ぎょうかく》何度で大砲を打ち上げたら、どれくらいの位置でそれが最高高度になって爆発するのかなとかって、あの場所でずーっと考えていました。

数値的なことでシミュレーションしていたんです。「仰角何度で大砲を撃ってるから、六十度で撃ったらどれくらいで一番テッペンになって、で、それがちょうど放物線の真ん中くらいだとすると、今の市役所の真上あたりで炸裂するのかな」とか、そういうのをやりながら思い描く。想像じゃなくて、ちゃんと根拠があるものを思い描く。根拠がある以上は、その生活感と同居できるんですよ。

映画の音が変わるとき

春日　「ずっと日常ばかりを描いている」という批判もありましたが、僕には「戦争を描いた映画」だとしか思えません。たとえば、米軍機からの視点が何度も入りますよね。爆撃のところと、機銃掃射のところと。あそこで「あ、これは戦争なんだ」と思わされました。ああいうカットを入れたというのはどういう意図によるものですか？

片渕　すずさんの一人称でずっと来る話ですが、そこに一瞬だけ客観が入ることによって一人称の主の存在のか細さがはっきり際立つなっていう意識がありました。

春日　空から爆弾が降ってくる時の、米軍機視点での俯瞰。あれが入ることで、その下にいるであろうすずさんたちに容赦なく襲い掛かる暴力の恐ろしさが伝わります。

片渕　そうなんです。アニメーション映画にできるかできないかっていう時期に原作をずっと読んでいて、へこたれそうなことがあっても一生懸命ニコニコしてるすずさんがいてね、そういう人が下にいるにもかかわらず、お構いなく平等に爆弾や焼夷弾は落とされちゃうんだなと思ったんです。その途端に、そのことがすごく悲しくて泣いてたんですよ。声上げて泣いて。「下にいる人が誰でも構わないんだな」って。下にいる人がどんな人であろうと、分け隔てなく爆弾を降らす冷徹さみたいなのが戦争の正体のような気がして、そのことだけは描きたいなと思ったんです。

春日　さらにアメリカ側からすると、これから命を奪おうとしている相手の顔も姿も見えない。それどころか小さな点ですらない。その残酷さが伝わります。

片渕　機銃掃射に至っては、個人を狙ってるんだけど、個人としての名前も顔も知らない人を狙っているから、相手が個人だなんて意識ないじゃないですか。だけど、そこにいる、明らかに一人の個人ですよね。人生としての歴史を持った人に、刃を向けているわけですよね。そのことを描くことがやっぱり戦争を描くことだなと思ったんで、そこは本当に春日さんのおっしゃる通りで、それだけは入れようと思ったんですね。

春日　それまでこの映画から流れる音は優しい音でした。ところが、そのシーンが始まってから、その瞬間に兵器の音がものすごい生々しい効果音で入ってきた。効果音の使い方はどう意識されました？

片渕　効果音は「その場に映っている全部に実写レベルで付けてほしい」みたいな無茶を言ったら、本当にやってくださったんです。で、それまでは映っているのは縫物とか調理。そして、その場で見えてくるものが変わったから、音が自動的に変わっただけなんですよ。

春日　見えてきたものが今度は爆弾であったり、焼夷弾であったり、銃であったりっていうことになってしまったから、音も変わった。

片渕　そうなんです。調理の音なんかも、本当にリアルに調理してる音を録ってるけど、たとえば大砲の弾が爆発する音も作った音じゃなくて、自衛隊の総合火力演習の所へ行って、実物を録音してきて、もう本当にあるものとしてやってるわけですね。

春日　それが結果的に、戦争が日常を侵食しているという表現に繋がるという。

片渕　そうなんです。画面にあるもの、あそこの空間にあるものを我々は描いてて、その描いたものに対して、音を付けてもらったら、ああなったんですよね。

涙で終わらないリアルな死

春日　それから、人間の死の描き方がとても特徴的でした。原作ももちろんそうなんですけど、やはり監督の美意識としてもあるのかなと思って。日本映画は、人の死をウェットに描きがちです。芝居場を作って、どれだけ大げさに泣かしていくかみたいな。それに対して、『この世界の片隅に』は一つ一つの死というものに対して、大きく盛り上げようという演出はしていません。

片渕　僕らも日常的に「死」って経験してるじゃないですか、お葬式とかで。その人の人生について思い浮かべたりとかっていうこともあるんだけど、それと同時に、焼き場でお骨が上がってきたときの「これはどこどこの骨です」とか「これは喉仏です」とかって言われる、あの無機質さみたいなのと両方あるような気がしてて。

父親が去年亡くなったんですけど、その亡くなるちょっと前に「死んじゃったら、モノになっちゃうから、俺は葬式はいいよ」とか言ってるんですよ。で、本当に死んじゃったら、そんな感じになっちゃって。「あぁ、お骨になったらこんな感じなんだ」みたいな。

人間が人間でなくなる瞬間、そのままモノになっちゃう瞬間があるわけですよね。あるいは、その境目があるわけですよね。それをそのまま描くことのほうが、生々しい「死」の表現なんじゃないかなと。

春日　その死を受け止める側のリアクションにもリアルさがあります。最初に描かれたのがお兄さんの死。箱がひとつだけ戦地から帰ってくる。

片渕　要一っていう、すずさんのお兄さんの死に関しては、家族もリアリティがなかったんですよね。ひょっとしたら、まだ生きてるかもしれないっていう。「こんな石でごまかされないぞ」みたいに、親は言ってたりするじゃないですか。「死」っていうのが全く姿を現さずに、「死にましたよ」っていう観念だけをこう押し付けられてる。

春日　それから刈谷さんの息子です。壁際に座っていたのが、次はただの壁のシミになっている。かなり強烈でした。ここも、日常会話の中で、「あれは刈谷さんの息子だった」と本当にサラッと言う。凡百の演出家なら、あそこで感動的な芝居場を作ります。

片渕　なんか自分の中でそういうのは全然なくて。死んじゃったらモノになってしまうっていくことのほうが僕は恐ろしくて。その恐ろしさをそのまま伝えるためには、死ぬ瞬間に、人生の最大のピークみたいなものを作っちゃいけないんじゃないのかなと思ってて。

死ぬところが人生の本当の一番の山場みたいに演じがちなんですけど、そうじゃなくて。人生の山場ってもっと先にあるだろうなって思って生きていたのが急に絶たれちゃうのが「死」なんだっていう意識はすごくあります。

春日　泣いたら終わり――にならないリアルな「死」が一つ一つあるように思えました。

片渕　僕ね、高校生くらいの頃から、友人が、たくさん逝ってしまって。中には人に殺《あや》められちゃった人も何人かいて。一人は世田谷一家の事件の宮澤さん。友人だったんです。もう一人は高校のときのクラス委員。東南アジアに行ってプラント開発やっていて、そこで物盗りの被害者になって、撃たれて道端に放り出されてしまって。奥さんも同級生だったから、ふたりとも高校以来の仲で、いいカップルだと思ってたのに。「死」っていうものを表現の手段として見られないんですよ。実際に自分の周りにリアルなものとしてあったから。「死」っていうものを劇的に高めるとかなんかやったら、自分の周りにいた人たちのことを貶《おとし》めちゃうような気がしてしまうんです。

彼らは普通に生活してて、「こんなことやりたいな」とか言ってたのに、命を落として。「死」っていうものを謳《うた》いあげちゃうと、彼らのことをないがしろにしちゃうような気がして。それが自分にとっての「死」っていうことなんだなと思って、純然たる表現としての「死」って考えられない気がして。いつもそういう、もっと一緒にいたかった人たちのことをどこかで思い浮かべながら、「死」を映像の中で描いてしまってるような気がするんです。

春日　すずさんが両親の死を知らされるシーンも印象的でした。あそこでのすずさんのリアクションも、スッと流しています。流したことで、淡々と伝える妹さん、受け止めるすずさん、双方が感情を抑え込もうとする想いが伝わってきました。

片渕　そうですね。本当に喪失感しかないですよね。何を喪失したのかなと思ったら、そこにいた人の全部が喪失されている。その瞬間の現在が消えてなくなっただけじゃなくて、未来も喪失している。

春日　焼け跡となった広島での少女のお母さんの死の描写に驚かされました。今まで、「死」っていうのをサラッと描いていたのが、あそこだけ具体的に詰めていくという。

片渕　一か所だけはそういうふうにしたほうがいいなって。

少女のお母さんはそのまま亡くなっちゃいますけど、それは同時に（時限爆弾が爆発したとき）すずさんが晴美ちゃんを右手で繋いでたっていうことに重なるわけです。あのお母さんは、反対側の左手で手を繋ぎながら亡くなっちゃうわけです。だから、あれは、すずさん自身がそうであったかもしれない可能性、あるいは、すずさんが右手を飛ばされて傷ついた瞬間はそうだったかもしれないものとして、やっぱり描く必要があるなと思って。

春日　死んだ後で虫がたかって、ハエが飛んでっていうところまで描いています。

片渕　被爆した子どもにウジが湧くことってあったようなんです。ウジが、生きてる子どもを食べだす。「痛いよ、ウジに食べられて痛いよ」って。ウジが死んだ人に湧くのは分かるんだけど、生きてる人にも湧いて、自分の肉が食べられてて、「痛いよ」って言ってる言葉とかを読んでしまうと、本当の戦争のリアルとか、人間の生き死にのリアルからすると、自分たちのやってることってまだまだ序の口なんだろうなって気もします。

実はあの先があって。自分たちも手控えているのかもしれない。最初はね、あのお母さんが亡くなったあと、形も崩れちゃう倒れ方に絵コンテではしていました。実際そこはやりかけてたんですけど、「その外側が確実にあるんだよ」っていうのは、できたら認識していただけるとありがたいなと思います。

それと、実際に家族の方が広島でそういうふうになった方がたくさんいらっしゃるっていうのが気持ちの中に残ってしまって、手控えたところもあります。

「意識を失っている人の見てるもの」

春日　「死」の描き方として、痛切なのはやはり晴美ちゃんの死です。あそこは原作以上に、さらにこう抽象的といいますか、不思議な映像になっています。

片渕　でもね、周作の声をやった細谷佳正が言ってたんですけど、「風邪ひくと、ああなりますよね」って。風邪ひいて、熱高くて、寝てて、フッと、頭の中に火花パチパチ。

春日　ああ、たしかにありますね！

片渕　実は、そういう「意識を失っている人の見てるもの」を描こうとしたんです。

春日　はぁ、なるほど——抽象的に思わせて、実はそこもリアルなわけですね。

片渕　それを一生懸命リアリティとしてやろうとしてました。こうのさんの別の漫画作品『夕凪の街　桜の国』※注3で、原爆の放射線の影響で死ぬときにね、死ぬ人の一人称視点の描写があって、目が見えなくなってからは絵が白いコマになっているんですよ。それを見て、「これ、映画にするとき、困るだろうな」と思ったんです。画面に何もないんだもの。

というところから発想して、意識を失っているときに何が見えるかなと思ったら、自分が四十度くらいの熱出してるときに、「なんか火花みたいなのを見たね」なんていうことか、「周りで喋っている人の声は聞こえるんだけど、目が開けられなくて」とか、それを映像にしようと。

だから、あれは、抽象的な表現のように見えるんだけど、自分としては「気を失っている人の一人称を描いていたら、ああなりました」っていう。表現としてリアルなものじゃないんだけど、「でも、ああいうふうに、心の中で見てるよね」っていう。

春日　意識を失っている間の、すずさんの中での意識を描く。凄い挑戦です。

片渕　たとえば高熱に浮かされているときって、どこから自分が意識を持ってるかって、曖昧じゃないですか。「ここで目が覚めました」みたいなのがなくて、うっすら目が開いて、また閉じてとか繰り返して、徐々に起き上がってくる。だから、すずさんも「横にねえさん座ってるな」とか、徐々に認識していって、「あ、晴美さん、もういないんだな」とかいうことを認識する。

すずさんの無力感

春日　すずさんのキャラクターについてうかがいます。ずっとのんびりした感じで来たの

＊3　こうの史代の漫画作品。戦後すぐの広島で暮らす皆実と、現代の東京に生きる七波の物語。文化庁メディア芸術祭マンガ部門大賞、手塚治虫文化賞新生賞を受賞。

が、晴美さんの死を経て、それから戦況の悪化につれて——僕の見方だと、ニヒルになっていってる感じに伝わりました。世の中に対して、引いた目線っていうんですかね。「これはうちらの戦いですけぇ」って言ったり、「そんな暴力に屈するもんかね」って言ったり、どこか強いことは言うんだけど、そこには無力感が漂う。

片渕　そうですね。水原哲（すずの幼なじみで水兵になった）に「お前だけは、最後まで普通のままでいてくれ」って言われた「普通」から逸脱していってるんですよね。逸脱していって——原作にはないんですよ、「なんでも使こうてくらし続けるのがうちらの戦いですけぇ」って。

春日　あの時の顔とセリフが凄くゾクッときました。

片渕　宣伝スタッフからは『『なんでも使こうてくらし続ける』っていうところが、すずさんの生活感を表してますね」って言われたのですが、「いや、違うんだ」って。あそこで「戦い」っていう言葉を言いだしているすずさんは、水原哲が言っている「普通」の世界からはみ出ちゃってるわけですよ。はみ出ちゃっているからこそ、自分がはみ出たことで泣くんだろうなと思うんですね。

春日　その前に、すずさんが「のんびりした女の子のままでいられれば」みたいなセリフを言っています。本人としても変わってしまったことを分かっているんですよね。

片渕　自分が、水原哲が言ってたような存在じゃなくなってしまっていることを分かっているわけですよね。

春日　「お前だけは普通でいてくれ」って言った哲が、むしろ変わらぬままでいる。その哲とすれ違うときに切なさになってくる。戦争で失ったものは、命はもちろんですけど、すずっていう、綺麗な絵を描く純朴な女の子も失われてしまった。

片渕　そうですね。手がなくなっただけじゃなかったんです。

春日　そうした中で、すずのニヒリズムっていうのが見えてくる。

片渕　自分が変わっちゃって、そういうふうに生きなきゃいけないことを思いながらも、それを客観視しながら、そのことを悔しく思ったりとか、恥じたりしながら生きてるわけです。それが、春日さんのおっしゃる、そのニヒリズムなんだろうなと。

意識が全部戦争に乗っかって、「自分をこんなふうにしたやつを皆殺しにする」みたいなことは絶対に言わないけれど、どこかではそっちに行きそうな自分もいるし、それを嫌なものとしても見てるわけですよね。それだから、どこかニヒルなところで留まっているんじゃないのかな。

春日　でも、もう戻ることができないことにも気づいてる。

片渕　そうです。僕は「すずさんの魂はいつも二階建てなんだ」っていう言い方をしていて、「二階建てか、あるいは床下があるんだ」って話を、すずさんの声を演じたのんちゃんにも説明しながらやってたんですけど、その床下にあるのが本当のすずさんの気持ちなんです。だから、あの場面では、もうすずさん自身が変わってしまったことに、床上のすずさんは気づいてないけれど、床下にいるすずさんの本当の自我みたいなものが、すでに嫌なものを感じているんじゃないかなと思う。

春日　日常を丁寧に描きながら、それが戦争によって侵略されていく——という作品である点で、やはりこれは戦争映画だと思います。

片渕　日常生活の中にいる人たちを描いているみたいですけど、戦争っていう時代がそのこと自体をやっぱり許してないんだろうなというのは間違いなくて。そうじゃなかったら「あんな中でも普通に生活を貫きました。立派ですね。めでたしめでたし」になってしまうから、それは違うなっていうのははっきり思っています。

春日　批判的な意見について「読み取れてない」って思うのはまさにそこです。「日常を礼賛する映画だ」とか、「日常ばかり描いてる」という。全くそんなことないのに。

片渕　日常から出発してるんだけど、その日常自体がどんどんどんどん不穏さを増していって。その不穏の中でもまだ「普通」でいたはずなのに、その「普通さ」が吹き飛ばされてしまうわけですからね。

春日　日常を暮らしてはいるんだけれども、日常そのものがもう変わってしまっている。

片渕　「こんな『日常』っておかしいだろう」っていうことです。

春日　絶えず日常を生きてはいるわけですから、一見すると変わってないように見えるけれども、実はそれは戦争によって歪められてしまった。

片渕　あと肯定的な感想でも「そういうふうに思われちゃうのか」と思ったのはあります。「ああいう中で、ずっと自分を貫いて生きてるすずさん、強い」って。全然貫けてないんだよなぁと思うんですよ。

玉音放送とトンボ

春日　重要なのは終戦を告げる玉音放送のシーン。すずさんが心を爆発させています。

片渕　自分の想いとしては、彼女は「普通でいられなくなってしまってた自分」のことを恥じて泣いてるんですね。戦争に負けたことでも人は泣くかもしれないけど、すずさんの場合は違っていて。本来あるはずだった自分じゃなくなったことに対して泣いてるんだろうなと。普通じゃないところに踏み込んでしまった自分に泣くんだろうなと思ったんですよね。

春日 そこまでは、抑制した感情表現で来ましたが、ここで爆発させたというのは、そう描く必要があると考えたわけですか？

片渕 はい、そう思いました。あれは、カタルシスじゃやっぱりなくて――その後ろに残すものが多いんじゃないかなと。セリフの中で、これまで食べてきたお米が、朝鮮米と台湾米だということを暗示して、「そういうのを食べてきた」って言うんですけど、その後にお義母さんがお米を出すんですよ。あのお米の何分の一かは内地産じゃないやつが混じっているわけですよね。

春日 闇市のシーンでも、「とっておきの台湾米だ」って言うシーンがありました。

片渕 そう、言ってます。だから、台湾米とか朝鮮米とかっていうのが混じったお米を、終戦の日からまた食べ始める。ようするに、終戦でなにもかも終わったわけじゃなく、わだかまりを残しつつ生活は続いていく。

春日 それは、その米を食べざるをえない自分自身へのわだかまりですか？

片渕　それが残ってしまうんだっていうことですよね。

春日　すずさんは玉音放送を聴き、駆けていきます。その後ろをトンボが横切る。あそこが片渕さんらしい。物凄く激しいシーンで、スーッと長閑なカットが入る。『ブラック・ラグーン』でもそうなんですよね。戦闘中に――。

片渕　カモメが飛んだり（笑）。

春日　そういう異化効果は物凄く得意とされているように思えました。

片渕　そうですね、異化効果です。こうのさんもあそこでトンボを描いてらっしゃったんです。トンボが飛ぶ。しかも夏だから、ナツアカネみたいなのが飛んでいるのですが、「お盆の頃から、プールの上とかにもトンボ飛び始めてたな」と思い出してきて、「あ、この日はお盆なんだな」と思ったんですよ。終戦の日は八月十五日ですから。

そういう生活感が押し寄せてきて。すずさんがああいうふうに思っていたりとか、日本が戦争に負けたっていう事実があったりとか、そういうのも、その生活感の中で描かないといけないかなと。

春日　盛り上げるためにスポットライトを当てた特別な空間を作るのではなく――。

片渕　普通にある――。

春日　トンボからすると、戦争があろうがなかろうが関係がないわけですからね。その季節になったから、そこで飛んでいる。

片渕　「戦争があっても、セミは鳴く、チョウチョは飛ぶ」と言ってたのの延長としてありますね。実際、当時の話を読んだり聞いたりしていく中で、「終戦の日、夾竹桃《きょうちくとう》が咲いていた」とか、そういう話がかなりあるんです。

台湾米と太極旗のあらわすもの

春日　最後にうかがいたいことがあります。たとえば荒井晴彦さんはじめ、左派系の映画関係者や評論家たちから批判がありましたよね。戦争責任や日本の加害性が描かれていない、と。荒井さんの言葉で言うと、「相も変わらぬ戦争＝被害映画」だみたいな。ああいう批判を受けたとき、監督はどう思われましたか？

片渕　終戦の場面で、すずさんが海外からきた食糧の問題を持ち出して、自分のことを責めるわけですね。あれを入れた時点で、実は、僕、右翼から叩かれると思ったんですよ。

春日　日本が植民地を搾取してきたことへの嫌悪——ととれるセリフですからね。

片渕　右翼から叩かれると思ったら、申し訳ないことに右翼の人たちは気がつかれなかったんです。で、逆に左翼の方々も、その辺の知識を持ってらっしゃらなくて。強制労働の問題みたいなことは盛んに言われるのに、食糧をどういうふうに持ってきたかっていうことは語らない。でも、植民地支配って、そっちが基本じゃないですか。

春日　カリブ海の島々だって、砂糖などのプランテーションで搾取に遭ってたわけだからですね。

片渕　それが植民地支配の実は大きな根本にあるものなのに、「そっちは目を瞑るんじゃなくて、知らないまま行っちゃうんだ」っていうのが、むしろ意外なんです。

春日　監督がおっしゃっていた「自分の知っているものが全て」というやつですね。

片渕　一つの方向から見たら、その形しか見えないっていう。

春日　でも、たとえ知識がなかったとしても、闇市に行って台湾米を売っているというシーンを入れてるわけですから、あれが伏線になっていると気づくはずだとは思うんです。

片渕　まあ、そう気づく人がいたらいいなあ、と思いました。

春日　しかも玉音放送の後のシーンでは太極旗のワンカットが入っている。

片渕　やってます。でも、「太極旗の扱いが原寸よりも小さい」って言うんです。「旗の大きさが小さい」と。

春日　ええっ！

片渕　でも、あの町の中で孤立して、一本だけ立ってる太極旗っていう表現なんですよ。大きく描くとそれが画面の全てですけど、あの中で一本だけ立ってるっていう相対的なの意味みたいなものも込めたかったんですが。

春日　引いた画の中に小さく一本、スッとあるから、あの一軒の家の戦いっていうのが見えてくるわけですからね。

片渕　ほかにも、（呉港をスケッチしたすずが憲兵にスパイと疑われる場面で）「憲兵はもっと恐ろしい」という人もいました。あれはね、陸軍の憲兵が海軍の法務官の妻だと知ってちょっかい出す、過度にやり過ぎないくらいに釘を刺す。そういう場面なんじゃないかな。軍の中にいて司法に携わっている夫のことも考えなくちゃ。すずさん側も決して無垢ではない、戦争に加担している側だったわけです。

イデオロギーを一度脱ぎ捨てて

春日　笠原和夫さんが『二百三高地』の脚本を書いたとき、右からも左からも批判が来たと。右の人たちからすると「反戦映画」、左の人からすると「国威高揚映画」と。つまり、そういうイデオロギーで映画を批判すると、どうしても的外れが起きてしまう。それは『この世界の片隅に』でも思ったことです。

片渕　「実際こうだったんだな」ということを事細かに描いたときに見えてくるものの上では、イデオロギーを一度脱ぎ捨てて、共通に語れることができてくるんじゃないのかなと思うわけです。そのことがやっぱり自分では大事だと思っていて。

自分自身にだって色々考えみたいなものがないわけじゃないんだけど、「そのことは、一旦棚に上げてでも、この上でみんなで戦争というものをもう一回見つめ直してみませんか」と。この作品に関しては、そういう思いが大きいですね。

春日　「イデオロギーを描く戦争映画」が多かった日本映画に、「戦争を描く戦争映画」がようやく出てきてくれたという想いがあります。イデオロギーから解放してくれる戦争映画が日本にも現れたんだなっていう。

南方戦争を描くにしろ、中国戦争を描くにしろ、片渕監督の立脚点、視点で描くと、面白い作品が出てくると思います。

片渕　そうですね。自分でもちょっとやろうと思ったりもしたんですけど、やっぱり、無理に戦争中を舞台にして描かなくてもいいかなっていうふうに転換をしました。

春日　いろいろな時代の中に、戦争中の狂気はありますからね。

片渕　だから、戦争中の狂気みたいなもの、あるいは、そこでの矛盾みたいなことが普遍的なものだとしたら、もっと別の時代にだって現れてくるわけなんですよ。そういう描き方でもいいはずだなと思うんです。

春日　戦時中でない時代を描くことで、「これは、あの時代特有のものではなくて、実はいろんな時代に起きてる普遍的なものなんだ」ということにもなりますからね。

片渕　そうだろうなと思います。

おわりに

結果として、大変な企画となりました。当初は、そういうつもりではありませんでした。企画の発端となったのは二〇一五年の七月。ＷＯＷＯＷが『人間の條件』を一挙放送することになり、私もお世話になっている同局のｗｅｂ情報番組「ＷＯＷＯＷぷらすと」で取り上げたのがスタートです。この時、こちらから「せっかくならそれだけでなく戦後に日本で作られた戦争映画を概観してみたらどうか」と提案しました。ここで一度ちゃんとこのジャンルを自分なりにも整理しておきたいと思ったからです。

この時は、代表的な作品を二十本ほどピックアップして語りました。評判も上々でしたし、私自身もそれなりに手応えがありました。そして、次は本文でも述べました通り、二〇一七年七月に同番組で岡本喜八監督の戦争映画を取り上げて語っております。

この二つの放送を終えた時に思いました。これは本にできる――と。

実は、以前に『市川崑と『犬神家の一族』』という新書を出しているのですが、これも「ぷらすと」での話が元になっています。市川崑監督の監督人生を概説した回と、その具体例として『犬神家の一族』に絞って語った回。この二つを合わせて一つの本としてまとめました。

今回も、この手が使えると考えたのです。前半が戦後の戦争映画の系譜、後半が具体例として岡本喜八。全く同じ構成になる。コンパクトに読みやすい新書として戦争映画を理解できる、そんな一冊になるという確信がありました。

そして、以前に映画関連の仕事を何度かして信頼していた文藝春秋の前島篤志さんが文春新書の編集長になったと知り企画を提案、二つ返事で通していただきました。

あとは文字起こしをして、それを原稿の形に整えるだけ——となったところで、あることに気づきました。これではいけない、と。

それは、第一部となる戦争映画史について。あまりに足りないのです。トーク番組ならそれでもいいかもしれませんが、本として残すとなると、これではいけない。「あれも調べなければ」「これも調べなければ」。次々と浮かんできました。そして、あることに思い至ります。書き起こし分はリセットして、ゼロからの書き下ろしにしよう、と。

観られる限りの戦後戦争映画を観て、その内容を改めて全て検証することにしました。

その数は、約八十本になります。ちょうど新型コロナウイルス感染拡大に伴う外出自粛期間が重なったため、家に籠りひたすら戦争映画に向き合いました。

そして、気づきました。あまり注目していなかった作品、ただの娯楽映画だと思っていた作品であっても、それぞれに作り手たちの想いがほとばしっている、と。

となると、今度は作り手個々の背景が気になります。ですが、ほとんどが故人となってしまっているため取材することはできません。そこで、戦後の戦争映画に関わった人たちにまつわる書籍や雑誌は、できるだけ目を通すことにしました。その結果、彼らの戦争に対するさまざまな感情に触れることができました。

そうした検証作業を続けているうちに、それぞれの作品、そしてそれを世に送り出した人々のことが、愛しくてたまらなくなっていきます。本書の冒頭では「できるだけ引いた視点で」と述べていますが、そうできなくなっていた自分自身がいました。

特に、実際に戦争を経験した人たちがいかに戦争映画に向き合ったのか。自らの経験をどう反映させたのか。そのことは、知れば知るほど、「どうしても書きたい！」と思わずにはいられなくなっていました。

松林宗恵監督が『連合艦隊』に臨む時に近い心境といいますか——戦争映画を作った一人一人の声を届けたい。その想いが止まらなくなっていました。気づけば、新書のページ換算で約百八十ページの分量を、一週間強で書き下ろしていました。

こういったノンフィクション的な形式での書き下ろしは、二〇一六年の『鬼才 五社英雄の生涯』（文春新書）以来、約四年ぶりです。ひたすら没頭しながら対象と向き合う作業は、たまらなく充実したものでした。

こういう人たちが戦争映画を作ってきたのか。こういう戦争映画があるのか。――一人でも、一本でも多く読者に知っていただき、触れてみようというキッカケにしてほしい。そう願って書きました。


最後に、相次ぐスケジュール変更に対応していただいた文春新書の前島さん、お忙しいところを長時間の対談に応じてくださった片渕須直監督、改めて御礼申し上げます。

魂のこもった戦争映画を作り出してきた作り手の皆様と、その戦友たちへの鎮魂の念を胸に――。

二〇二〇年六月

参考文献

田中純一郎『日本映画発達史　Ⅰ〜Ⅴ』中公文庫
『日本映画・テレビ監督全集』キネマ旬報社
『キネマ旬報増刊　映画40年　全記録』キネマ旬報社
『キネマ旬報増刊　日本映画作品全集』キネマ旬報社
『日本戦争映画総覧』学研
『クロニクル東映』東映
渥美清『渥美清　わがフーテン人生　新装版』毎日新聞出版
渥美清『きょうも涙の日が落ちる』展望社
嵐寛寿郎・竹中労『鞍馬天狗のおじさんは』白川書院
家城久子『エンドマークはつけないで』現代教養文庫
石井輝男・福間健二『完本　石井輝男映画魂』ワイズ出版映画文庫
市川崑・森遊机『市川崑の映画たち』ワイズ出版
今井正監督を語り継ぐ会編『今井正映画読本』論創社

大蔵貢『わが芸と金と恋』大空社
大住広人『映画監督松林宗恵　まことしなやかに　さりげなく』仏教伝道協会
小笠原弘・梶山弘子編『映画監督　小林正樹』岩波書店
岡田茂『波瀾万丈の映画人生　岡田茂自伝』角川書店
岡本喜八『ヘソの曲り角』東京スポーツ新聞社
岡本喜八『ななめがね』文化服装学院出版局
岡本喜八『ただただ右往左往』晶文社
岡本喜八『マジメとフマジメの間』ちくま文庫
『Kihachi フォービートのアルチザン　岡本喜八全作品集』東宝出版事業室
小沢茂弘・高橋聰『困った奴ちゃ』ワイズ出版
笠原和夫・荒井晴彦・絓秀実『昭和の劇』太田出版
加藤泰『加藤泰映画華』ワイズ出版
加東大介『南の島に雪が降る』光文社知恵の森文庫
国弘威雄『私のシナリオ体験』映人社
神山征二郎『生まれたら戦争だった。』シネ・フロント社
小林桂樹『役者六十年』中日新聞社

参考文献

佐藤純彌『映画よ憤怒の河を渉れ』キネマ旬報社
シナリオ作家協会『井手雅人　人とシナリオ』シナリオ作家協会
俊藤浩滋・山根貞男『任俠映画伝』講談社
新日本出版社編集部編『今井正の映画人生』新日本出版社
須崎勝彌『カミカゼの真実』光人社NF文庫
須崎勝彌『蒼天の悲曲　学徒出陣』光人社NF文庫
竹内博・山本眞吾編『完全・増補版　円谷英二の映像世界』実業之日本社
田中文雄『神を放った男』キネマ旬報社
円谷英二『定本　円谷英二随筆評論集成』ワイズ出版
中島貞夫『遊撃の美学』ワイズ出版
野村芳太郎『映画の匠　野村芳太郎』ワイズ出版
浜野保樹編『大系　黒澤明　第一巻』講談社
深作欣二・山根貞男『映画監督　深作欣二』ワイズ出版
本多猪四郎『「ゴジラ」とわが映画人生』実業之日本社
舛田利雄『映画監督　舛田利雄』シンコーミュージック・エンタテイメント
増村保造『映画監督　増村保造の世界　上下』ワイズ出版映画文庫

松林宗恵『私と映画・海軍・仏さま』大蔵出版
山本薩夫『私の映画人生』新日本出版社
『シネマファイル　戦場のメリークリスマス』講談社
石野径一郎『ひめゆりの塔』講談社文庫
中村秀之『特攻隊映画の系譜学　敗戦日本の哀悼劇』岩波書店
福間良明『殉国と反逆　「特攻」の語りの戦後史』青弓社

春日太一（かすが たいち）

1977年東京都生まれ。時代劇・映画史研究家。日本大学大学院博士後期課程修了。著書に『天才 勝新太郎』『鬼才 五社英雄の生涯』（いずれも文春新書）、『時代劇入門』（角川新書）、『あかんやつら 東映京都撮影所血風録』（文春文庫）、『泥沼スクリーン これまで観てきた映画のこと』『黙示録 映画プロデューサー・奥山和由の天国と地獄』（いずれも文藝春秋）など多数。

文春新書

1272

日本《にほん》の戦争映画《せんそうえいが》

2020年7月20日 第1刷発行

著者	春日太一
発行者	大松芳男
発行所	株式会社 文藝春秋

〒102-8008 東京都千代田区紀尾井町3-23
電話 (03) 3265-1211（代表）

印刷所	理想社
付物印刷	大日本印刷
製本所	加藤製本

定価はカバーに表示してあります。
万一、落丁・乱丁の場合は小社製作部宛お送り下さい。
送料小社負担でお取替え致します。

ISBN978-4-16-661272-7